Georg Kühlewind

Aufmerksamkeit und Hingabe

Georg Kühlewind

Aufmerksamkeit und Hingabe

Die Wissenschaft des Ich

Verlag Freies Geistesleben

2. Auflage 2022

ISBN 978-3-7725-2888-0

Verlag Freies Geistesleben
Landhausstraße 82, 70190 Stuttgart
www.geistesleben.com

auch als eBook erhältlich

Umschlagfoto: Anthony Hatley, Plainpicture
Druck: GGP Media GmbH, Pößneck
Printed in Germany

MIX
Papier aus verantwortungsvollen Quellen
FSC® C014496

«Man muss schon sein Erden-Ich verlieren, um sein wirkliches wahres Ich in der Anschauung zu bekommen. Und derjenige, der nicht diese Hingabe entwickeln würde, der kann eben an dieses wahre Ich nicht herankommen. Man möchte sagen: Das wahre Ich will nicht gesucht sein, wenn es erscheinen soll, wenn es sich offenbaren soll; und es verbirgt sich, wenn es gesucht wird. Denn es wird nur in der Liebe gefunden. Und Liebe ist Hingabe des eigenen Wesens an das fremde Wesen. Daher muss das wahre Ich wie ein fremdes Wesen gefunden werden.»

Rudolf Steiner, Dornach, 22. April 1923

Inhalt

Vorwort zur Neuausgabe

Hier spricht ein Meister der Geistesforschung, wie Rudolf Steiner sie erhofft hatte. Zwar liegt dies in Form eines Buches vor uns, was aber tatsächlich eröffnet wird, ist eine Praxis, ein Weg. Etwas, das sich – wie es in Georg Kühlewinds eigener Einleitung heißt – nur der *Erfahrung* erschließt.

Der Text ist meisterhaft komponiert. Er ist ein Musterbeispiel für das Wechselspiel von *Studium* und *Meditation.* Ein, zwei Seiten hinführende Überlegungen in präziser Sprache, in einer Art Übersetzung schon bekannter geisteswissenschaftlicher Begriffe, dann: eine Übung. Und nach jeder Übung, wenn sie ernsthaft versucht wurde, hört man Kühlewind fragen: Hast du *gemerkt* worauf es ankommt? In welche Richtung es geht? Und dieses «Aufmerken» ist dann die Basis für die nächsten Schritte und Themen.

Durch 25 knappe, extrem verdichtete Kapitel und 34 Meditationen werden wir geführt. Alle Schritte werden nüchtern und reflektiert gesetzt, sodass der Übende immer weiß, was er tut und worauf seine Praxis zielt. Die Kunst dieser verdichteten und instruktiven Sprache ist die Frucht vieler Jahre. Georg Kühlewind war unablässig bemüht, sich immer noch verständlicher zu machen, ohne aber der Bequemlichkeit der Leser entgegenzukommen. Nach Themen, die noch stärker philosophische oder auch theologische Interessen voraussetzten, hatte er sich in den Neunzigerjahren des vergangenen Jahrhunderts Phänomenen zugewandt, die näher bei unserer Alltagserfahrung liegen und für die Qualität dieser Erfahrung maßgeblich sind: *Aufmerksamkeit* und *Hingabe.*

Der hier geschilderte Weg beginnt mit einer Erkundung, durch die verständlich wird, was wir selbst mit Aufmerksamkeit zu tun haben. Wie nahe uns diese ist und wie viel sie mit unserem *Selbst-Sein* zu tun hat. Durch dieses Beginnen erhält der Übende die Möglichkeit, sich auf die eigenen Beine zu stellen, ein *neues* Zentrum seiner inneren Tätigkeit auszubilden, das nicht (vollständig) von der Verfassung und den Stimmungen des Alltagsbewusstseins abhängig ist. Das eine Standbein ist dabei das *Vertrautwerden* mit der Natur der eigenen Erfahrung, man könnte sagen: mit den Urphänomenen des Denkens, des Fühlens, des schöpferisch Tätigseins, um dadurch die Selbstsicherheit zu gewinnen, die nötig ist, um sich auf ungewohnte offenere Erfahrungen einzulassen. Denn das andere Standbein, eigentlich das Spielbein, ist die freie oder wieder *frei gewordene Hingabefähigkeit*, die es erlaubt, unsere Aufmerksamkeitskräfte souveräner zu steuern und uns mit Dingen, Ereignissen und Menschen wirklich zu verbinden.

Bewusstsein und Wirklichkeit werden auf diesem Weg *in einem* bearbeitet. Denn hier sind die fundamentalen Elemente des Selbst- und Weltverstehens selbst das Übungsfeld. Wir lernen, wodurch unsere Sicht der Wirklichkeit und unser Selbstgefühl konstituiert sind und dass beides vorläufig und wandelbar ist. Die letzte Meditation, die in diesem Buch vorgeschlagen wird, ist die Frage: «Hast du dich verändert?»

Dass die nun vorliegende Neuausgabe die Beiträge Georg Kühlewinds zu diesen wichtigen Themen wieder zugänglich macht, kommt in doppelter Hinsicht zur rechten Zeit. Zu einem Zeitpunkt, an dem sich das Thema «Achtsamkeit» breite Anerkennung errungen hat, kann mit Kühlewind – einen Schritt weiter gehend – eine *vertiefte Achtsamkeitserfahrung* beschrieben werden. Man könnte sagen, eine Form von Achtsamkeit als einer Ich-Erfahrung, in der das Ich sich darüber aufklären kann, was in ihm durch Beschränktheit, Geformtheit, vielleicht sogar Deformation wirkt, und wo es schöpferisch, offen und sinnstiftend ist.

Und im Kontext der anthroposophischen Bewegung kommt das Buch zur rechten Zeit, weil nun seit einigen Jahren die «anthroposophische Meditation» als Thema und als Übungsfeld tatsächlich sichtbarer geworden ist. Was zu Beginn von Georg Kühlewinds öffentlicher Tätigkeit in den Siebzigerjahren und selbst noch zum ersten Erscheinen von *Aufmerksamkeit und Hingabe* Pionierarbeit einiger weniger war, ist heute durch die Bemühung und Kooperation vieler getragen. Für die Aufgabe, die anthroposophische Meditation aufzuschließen, für sie eine zeitgemäße Sprache zu finden und sie zu einer Praxis zu entwickeln, aus der Einzelne sich eine Richtung geben und sich reflektiert und selbstbewusst auf den Weg machen können, ist die Stimme Georg Kühlewinds unverzichtbar.

Hören Sie selbst!

Wien im Dezember 2018 *Wolfgang Tomaschitz*

Einstimmung

Dieses Buch hat sich ohne Absicht des Verfassers einem allgemeinen Grundzug der modernen Kunst angenähert: Wie sie fordert es vom Rezipienten, in diesem Fall vom Leser, sehr viel Aktivität, wenn dieser – wie der Verfasser hofft – über das gewöhnliche Verstehen hinaus noch anderes vom Buch erwartet.

Es sind eine beträchtliche Anzahl von Meditationen im Text zu finden; auch außerhalb der so bezeichneten Sätze bietet sich der Text an vielen Stellen zum Meditieren an. Dies hängt mit dem Thema zusammen, das sich nur durch *Erfahren* und nicht durch rationales Denken allein enthüllt. Es geht nicht um *Irrationales*, sondern – mit einem Ausdruck Steiners – um *Über-Rationales*. Der aufmerksame Leser wird viel Unausgesprochenes bemerken und erfahren können.

Manche Motive treten wiederholt auf. Jedes Mal werden sie in einen neuen Zusammenhang gestellt, das Denken über sie wird weitergeführt, es geht um einen Prozess entlang des Textes, nicht um Informationen.

I.

Die Namen

Jedes Wort ist Name oder Zeichen für ein Verständnis oder Verstehen, wenigstens aber für ein Gewahrwerden, und ebenso sind die grammatischen Wendungen, ja alle Elemente der Grammatik Zeichen für Verständnisse. Dass Substantive, Adjektive und so weiter Zeichen für Dinge, Begriffe, Verhältnisse seien, ist naiver Realismus, der auf dem Glauben beruht, dass dieselben Dinge, Begriffe, Verhältnisse auf dieselbe Weise auch ohne ein Verstehen existierten. Die Rolle des nennenden Subjekts bleibt dabei außer Acht.

Die Zeichen sind Zeichen für ein Verstehen, Letzteres nennt man auch die «Bedeutung» der Zeichen. Die Bedeutung eines Zeichens ändert sich meistens in der Geschichte der Sprache, und das Zeichen ändert sich auch. Die Veränderung der Bedeutungen in längerer Zeitspanne besteht meistens in einer Verengung, in einem Schrumpfen; dasselbe Wort hat heute eine viel ärmere, einseitigere Bedeutung als in früheren Zeiten. Wir können seine einstige Bedeutung nicht mehr erfassen, höchstens in der Versenkung können wir versuchen, die Vielfalt der Bedeutungen, Anwendungen eines altgriechischen Wortes auf intuitive Weise in *eine* Begrifflichkeit zusammenzufassen oder überhaupt zu erahnen. Diese wird mehr als die additive Summe der im Wörterbuch angeführten Bedeutungen sein.[1] Deshalb ist die Übersetzung von älteren Texten in eine heutige Sprache im Prinzip unmöglich. Die intuitive, umfassende Kraft unseres Denkens hat erheblich abgenommen. Dies scheint eine der Ursachen dafür zu sein, warum wir für unser innerstes Wesen, für unsere freie Hinwendungsfähigkeit keinen ganz treffenden Ausdruck finden können. Es mag aber auch noch einen tieferen Grund dafür geben.[2]

Meditation: Was bedeutet es, wenn ich ein Wort ausspreche oder denke? Was alles geschieht dabei?[3]

2.

Die Aufmerksamkeit

In vielen Traditionen – so in der althebräischen oder altindischen – wurde das *Selbst* oder das *Ich* als etwas Göttliches angesehen, weil für die große Mehrzahl der Menschen die Bewusstheit, da sie unreflektiert blieb, keine Erfahrung war; und weil die sprachgegebenen, auf sich zurückweisenden Wörter wie «Selbst», da sie Erziehungsmittel auf dem Wege zur Selbstbewusstheit waren, ahnungsweise als zur Göttlichkeit gehörig empfunden wurden. Im partizipierenden Einheitsbewusstsein – nur *wir* nennen es «Bewusstsein», nicht diejenigen, die in diesem Zustand gelebt haben – war die Aufmerksamkeit der Menschen nicht frei, weil kein auch nur provisorisches Selbst oder Ich, kein selbstbewusster Mittelpunkt im Menschen vorhanden war, von dem aus die Aufmerksamkeit hätte gelenkt werden können. Sie war stets ungeteilt in der Hingabe an die Welt, an die geschaffene und an die schaffende Welt der Götter. Aus demselben Grund hatte man keinen Blick auf die Phänomene des Bewusstseins – auch auf das nicht, was wir heute Aufmerksamkeit nennen – und dadurch keine Begrifflichkeit.

Das Wort «Aufmerksamkeit» kann nur annähernd bezeichnen, was hierunter zu verstehen ist. «Aufmerken» ist zu sehr von außen bedingt, «Aufmerksamkeit» zu sehr von innen, als eigene Aktivität. Die Gebärden der Aufmerksamkeit sind mannigfaltiger, sie umfassen «Wahrnehmen», «Gewahrwerden» als empfangendes aktives Denken, Beobachten als intentionale, mehr vom Willen des Subjektes ausgehende Tätigkeit. Man könnte das Wort

«Bewusstheit» (awareness) oder Wachheit verwenden, das ist aber im heutigen Gebrauch zu passiv. Auch fehlt allen Bezeichnungen der heilige oder religiöse Charakter, welcher im niederländischen Wort «aandacht» (besonders *hörende* Aufmerksamkeit) noch mitklingt und ebenso in dem einzigartigen Satz von Malebranche aus den *Conversations chrétiennes:* «Die Aufmerksamkeit ist das natürliche Gebet, das wir an die innere Wahrheit richten, damit sie sich in uns offenbare.»[4] Diese Aufmerksamkeit ist die der Menschennatur gegebene Kraft, ohne die man nicht beten könnte und durch die man die Wahrheit, die Unverborgenheit sucht. Und die offenbart sich immer im Menscheninnern. Sätze wie der von Malebranche entstammen großen intuitiven Einsichten, darum sind sie auch sehr selten. Gewöhnlich denkt man über die Aufmerksamkeit gar nicht nach, umso weniger, als man sie weder jemals *direkt* erfährt noch beobachten kann – man bemerkt sie, wenn sie nach einer Abwesenheit zurückgekehrt ist, im Nachhinein. Weil wir *alles durch sie* erfahren – Wahrnehmungen, Gedanken, Erinnerungen –, bleibt sie selbst unerfahrbar. Sie scheint das Undurchsichtige, die ganze Objektwelt, das «Andere» zu vermitteln, indem sie zu ihren Objekten hin durchsichtig ist, und ist als Durchsichtiges nicht zu sehen. Auch alle innerseelischen Phänomene – Denken, Fühlen, Wollen – werden durch sie als Objekte beobachtet und wahrgenommen; als Objekte, eben weil diese seelischen Elemente immer schon vergangen sind, wenn sie in das innere Blickfeld gelangen, oder aber in einem schnellen Pendelschlag der Aufmerksamkeit zwischen Hingegebenheit und Bei-sich-Sein wahrgenommen werden, ebenso wie das im Sinneswahrnehmen geschieht. Nur die Aufmerksamkeit könnte auf sich selbst aufmerksam werden, soviel ist schon durch die vorangegangenen Beobachtungen klar.

Obwohl alle seelischen Elemente Prozesse sind, das heißt, sie *sind* nicht, sondern sie *werden*, sind sie für die Aufmerksamkeit immer nur als Vergangenheitsobjekte wahrnehmbar. Warum das so ist, bildet eine der Fragen, die uns beschäftigen werden; die andere Frage bezieht sich auf die Erfahrbarkeit der Aufmerksamkeit selbst. Die zwei Fragen hängen zusammen.

Meditation: Wem vermittelt die Aufmerksamkeit etwas?

3.
Die Hingegebenheit

Der Pendelschlag der Aufmerksamkeit ist gewöhnlich asymmetrisch: Die Phase der Hingegebenheit ist kurz, die des Bei-sich-Seins, in welchem außen oder innen Wahrgenommenes registriert, benannt, begrifflich identifiziert wird, ist lang. Es gibt aber Phänomene, bei denen die Hingabe lang dauern kann, und diese Fälle zu beobachten ist im Hinblick auf das Wesen der Aufmerksamkeit aufschlussreich. So zum Beispiel wird der Zuschauer im Theater – wenn gut gespielt wird – lange in der Hingabe an die Bühnenszene bleiben, ebenso der Zuhörer im Konzert in der Musik oder der Betrachter einer schönen Landschaft im Bild, der Lesende eines Romans im Text, in den Vorstellungsbildern, die er am Text entwickelt. In diesen Fällen ist erfahrbar, dass das Subjekt gänzlich identisch wird mit dem, was sonst als Objekt erscheint. In diesem Zustand ist es nicht möglich, sich auf sich selbst zu besinnen, sonst würde gerade der Zustand der Hingabe aufhören. Während der Hingegebenheit kann man nicht denken oder sagen, «ich sehe oder erlebe das oder jenes» – man *wird* zu dem, was man «erlebt», und *dass* man erlebt, wird daher auch bloß im nachhinein bewusst. Weil in der völligen und dauerhaften Hingabe keine Distanz zwischen Subjekt und Objekt besteht, haben wir kein Wort für ein solches «Erlebnis», denn für den Erwachsenen bezeichnen Worte etwas aus der Distanz, und sie erziehen auch zur Distanz von dem, was sie bezeichnen. Daher gibt es keine Worte und kann es sie auch nicht geben für das Erleben im archaischen, partizipierenden «Bewusstsein».

An das Phänomen der Hingegebenheit grenzen weitere beobachtbare Erfahrungen an. Erstens: Das Alltags-Ich, das wir als körpergebunden empfinden, aus dem heraus wir gewöhnlich sprechen, das wir als ein Mich-Fühlen erleben – als Objekt einer verborgenen Aufmerksamkeit –, scheint in der Hingabe zu verschwinden, samt kleineren körperlichen oder seelischen und eventuell auch größeren Schmerzen und Sorgen. Es kehrt plötzlich und meistens sofort bei Unterbrechung der Hingabe zurück.

Zweitens kann das Alltags-Ich über die «Erfahrungen» während seiner Vergessenheit oder Abwesenheit im nachhinein *berichten*, und zwar umso besser, je mehr es vergessen oder abwesend, das heißt je intensiver die Hingabe war. Das zeigt, dass die sich hingebende Aufmerksamkeit mindestens verwandt ist mit dem, woraus das Mich-Fühlen besteht, und dass Letzteres für die Zeit der Hingegebenheit seinen selbstempfindenden Charakter verliert und in der Hingabe in die empfangende Aufmerksamkeit eingeht. Das lässt schon ahnen, dass das Selbstempfinden aus Aufmerksamkeit besteht, die aber eine bestimmte Form angenommen und damit ihren *freien* Aufmerksamkeits-Charakter verloren hat.

Drittens wissen wir auch während der Hingabe und ohne darüber nachzudenken: Was auch immer wir erleben – es sind *unsere* Erfahrungen. So ist es im Hinblick auf *jegliche* Erfahrung, wir wissen unmittelbar, dass es unsere Gedanken, Wahrnehmungen, Emotionen, Gefühle, Erinnerungen und Willensimpulse sind. Dieses unmittelbare Wissen stammt nicht aus dem Mich-Fühlen, das gerade beim Erfahren meistens «vergessen» wird, sondern es fließt in der Aufmerksamkeit selbst, als ob ein verborgener Zeuge in ihr anwesend wäre – er versichert uns stillschweigend: Alles, was durch die Bewusstheit geht, ist *unsere* Erfahrung.[5]

Viertens kann man wenigstens als Hypothese annehmen, dass die Aufmerksamkeit nicht «vermittelt». Vermittlung würde bedeuten, dass auf beiden Seiten des vermittelnden Mediums Objekte zu finden wären; einerseits das Objekt, das vermittelt wird, andererseits ein Subjekt, das nicht die Aufmerksamkeit selbst wäre.

Dieses «Subjekt» wäre aber seinerseits erst durch die Aufmerksamkeit zu finden und somit ein Objekt für sie. Die Erfahrung des Hingegebenseins zeigt vielmehr, dass das erfahrende Subjekt gänzlich mit dem «Objekt» identisch wird, wohingegen sich ein vermittelnder Charakter der Aufmerksamkeit durch keinerlei Erfahrung bestätigen lässt. In der Zeit der Hingegebenheit sind Aufmerksamkeit, Subjekt und Objekt zur Einheit verschmolzen. Die Aufmerksamkeit bedarf keiner Vermittlung und kann auch keine haben. Das Vermittelnde müsste auch durch die Aufmerksamkeit erfasst werden – damit schöbe man das Problem nur weiter. Wäre hingegen das Subjekt einer Erfahrung verschieden von der Aufmerksamkeit, so müsste es die Botschaften der Aufmerksamkeit (die in diesem Bild vermittelnd wäre) entgegennehmen. Aber was könnte eine Botschaft vernehmen, außer der Aufmerksamkeit?

Meditation: Es gibt nichts Näheres als die Aufmerksamkeit.

4.
Ich bin die Aufmerksamkeit

Das Ergebnis der letzten Versenkung kann kaum ein anderes sein, als dass die Aufmerksamkeit selbst die «Substanz» des Ich ist. Sollte man meinen, etwas *anderes* als Näherliegendes zu entdecken, so wäre es stets die Aufmerksamkeit, die jenes «Anderen» (Ich, Wille, Mittelpunkt usw.) gewahr wird und damit «näher» ist als das «Gefundene», das ein Objekt der Aufmerksamkeit wäre. Das ist der erste Beweis für die obige Behauptung.

Der zweite Beweis ist in der Erfahrung zu sehen, dass die Sinne ohne Aufmerksamkeit nicht funktionieren, auch wenn physikalisch-physiologisch-chemisch alles geschieht, was gewöhnlich zur Sinneswahrnehmung führt, falls die Aufmerksamkeit mitwirkt.

Der dritte Beweis wurde schon erwähnt. Er besteht darin, dass man von allen seinen Erfahrungen und Erinnerungen ohne nachzudenken weiß, dass sie die eigenen sind.

Viertens kann man feststellen, dass das Mich-Empfinden, das wir gewöhnlich für unsere Ich-Wesenheit halten, nicht Subjekt, sondern Objekt einer Aufmerksamkeit ist, deren sich der Mensch nicht oder nur selten bewusst wird.

Das wird bekräftigt durch das fünfte Phänomen. Dieses zeigt, dass die Aufmerksamkeit geteilt werden kann zwischen dem Mich-Empfinden, dem Kern des Alltags-Ich, und einem anderen Objekt. Je größer die Hingabe an andere Objekte ist, umso mehr wird das Alltags-Ich «vergessen».

Weil wir Aufmerksamkeit oder Bewusstheit sind, eins mit ihr, werden wir eins mit alledem, womit die Bewusstheit eins wird: Töne, Farben, Formen, Ideen, Erinnerungen, Fantasie. Wir werden eins mit allen diesen Inhalten der Bewusstheit in demselben Maße, wie die Aufmerksamkeit mit ihnen eins wird: Das kann die ganze konzentrierte Aufmerksamkeit sein oder auch nur ein Teil von ihr. Und weil wir mit all diesen Inhalten eins werden, «wissen» wir, dass sie *unsere* Töne, Farben, Formen und so weiter sind.

Diese Tatsache, dass wir Wachheit oder Bewusstheit sind, scheint der wirkliche Grund zu sein, warum wir *ihr* keinen Namen geben, sie nicht treffend benennen können. Ich bin «meine» Aufmerksamkeit, Ich und diese spezifisch menschliche Fähigkeit sind eins. Und womit ich eins bin, das kann ich nicht benennen, auch keine Fragen in Bezug darauf stellen, denn dazu ist – wenigstens zeitweise – eine Distanz notwendig, damit es ein *Anderes* wird.

Das rätselhafte Wort «Selbst» oder «Ich», in seiner Urbedeutung aufgefasst, steht dem am nächsten, was wir uns hier zu umschreiben bemühen: Aufmerksamkeit. Wir kommen aber nur dann dem Wesen nahe, wenn wir diese Worte in der Meditation erleben. Es gibt nichts Näheres als dieses Nicht-Andere, denn was immer man als Näheres fände, wäre durch jenes, durch die Aufmerksamkeit, gefunden: wäre ein Objekt der spähenden Aufmerksamkeit.

Dass es nichts Näheres gibt und auch nicht geben kann, keinen Ich-Punkt oder Willenspunkt – die Aufmerksamkeit selbst *ist* Wille –, zeigt, dass sie die Grundsubstanz dessen ist, was wirklich «Ich» genannt werden kann, das wahre Subjekt, der wahre Zeuge. Wahr heißt ursprünglich, dass nichts «verborgen»[6] bleibt, dass der wahre Zeuge über das Bezeugte und über sich *zugleich* weiß, Erfahrung hat, nicht in zwei verschiedenen Akten nacheinander, sondern eben in der Identität, in der aber der Zeuge ein Selbst bleibt: in der Durchsichtigkeit, die das Objekt erscheinen lässt. *Dieses* Selbst ist im Allgemeinen noch keine Wirklichkeit, sondern bloße Möglichkeit. Solange es nicht verwirklicht wird, bleibt die freie, durch den Willen bewegbare Aufmerksamkeit überbewusst, ein überbewusstes – noch nicht gewecktes – Können.

Meditation: Ich bin die Bewusstheit der Bewusstheit.

5. Die geteilte Aufmerksamkeit

Alle Beispiele für eine länger dauernde Hingabe, in der sich das Alltags-Ich samt dem Mich-Fühlen «vergisst», hatten den gemeinsamen Charakter, dass sie anziehend waren (Kunst, schöne Landschaft und Ähnliches). Das heißt, die Aufmerksamkeit musste von sich aus nicht viel an Willen und Kraft zur Selbstvergessenheit beisteuern, das *Objekt* war dazu die Kraftquelle. Wenn das Objekt der Aufmerksamkeit nicht anziehend ist, wie im Alltag meistens, wird die Hingabephase sehr kurz und daher kaum erfahrbar, das Bei-sich-Sein hingegen umso länger. In diesem wird «aufgearbeitet», was in der kurzen Hingabe vernommen wurde, und das bedeutet größtenteils begriffliche Einordnung.

Zu dieser Pendelbewegung zwischen Bei-sich-Sein und selbstvergessener Hingabe muss die Aufmerksamkeit geteilt sein, sie ist kein einheitlicher Strom mehr, wie es in der archaischen Menschheit war und zum Teil beim Kleinkind noch ist. Weil die Aufmerksamkeit sich stets aus der kurzen Identität mit dem «Anderen» zurückziehen kann, ist der Mensch fähig, von seinen Erfahrungen zu zeugen, kann er über die Erfahrungen reflektieren, Begriffe davon bilden, Worte dafür gebrauchen. Sie sind Zeichen einer Distanz, Zeichen dafür, dass die Identität aufgehört hat.

Solange die Aufmerksamkeit einheitlich ist, ungeteilt, kann der Mensch nicht reflektieren, lebt er in der Gegenwärtigkeit, ohne Distanz, in der ungeteilten Bewusstheit, im Paradies. Hat die Teilung der Aufmerksamkeit einmal begonnen, so setzt sich diese Bewegung fort. Erst entstehen das Selbstgefühl und der frei gebliebene Teil der Aufmerksamkeit. Dann wird der freie Teil weiter gespalten, in den sich hingebenden, im Objekt lebenden Strom und in den verborgenen Zeugen. Dieser wird erst wirksam, wenn das Mich-Fühlen sich schon gebildet hat. Mit dem Schrumpfen der Begriffe, auch dadurch, dass sie ihre fühlende Aura nach und nach verlieren, wird das Objekt-Bewusstsein immer mehr zersplittert, die «Objekte» werden kleiner, flacher, einseitiger. In einer seiner Reden *(Mittlere Sammlung, Elefantenspur II)* nennt Buddha dieses Bewusstsein «Teil-Bewusstsein», eine Bewusstheit, die sich nicht ihrer ungeteilten Ganzheit bewusst ist, sondern der Objekte, an denen sie auch durch emotionale Bindungen hängt:

«Ist von innen das Gesicht, ihr Brüder, ungebrochen, und treten von außen die Formen in den Gesichtskreis, und es findet kein entsprechendes Ineinandergreifen statt, so kommt es auch zu keiner Bildung des entsprechenden Teiles-Bewusstseins.

Sobald aber, ihr Brüder, von innen das Gesicht ungebrochen ist und von außen die Formen in den Gesichtskreis treten, und es findet ein entsprechendes Ineinandergreifen statt, so kommt es also zur Bildung des entsprechenden Teiles-Bewusstseins. Die Form die dem so gebildeten eignet, stellt sich im Stück Anhangen an der Form ein, das Gefühl, das dem so gebildeten eignet, stellt sich im Stück Anhangen am Gefühl ein …»

Wie kommt die Teilung der Aufmerksamkeit zustande? Man kann diesen Prozess zwei Tatsachen zuschreiben: dem Spracherwerb und der Bildung der Egoität, die ihren Kern im Mich-Fühlen hat.

Die Sprache hat für den Erwachsenen eine dualistische Struktur, mit ihrer sinneswahrnehmbaren Zeichenseite und mit der nie in die Sinneswahrnehmung tretenden Bedeutungsseite, denn die Bedeutung *geschieht* im menschlichen Bewusstsein. Der Erwachsene unserer Zeit kann diese zwei Seiten ohne Mühe unterscheiden.

Wenn man aber die Entwicklung des Sprechens beim Kind beobachtet, findet man in den ersten Phasen ein anderes Bild. In dieser anfänglichen Phase des Sprechens *bedeuten* die Wortzeichen (und die Zeichen der Grammatik) noch nicht etwas, sie *sind* das, was sie *später* bedeuten werden, schon weil durch das Wort erst die Gliederung der inneren und äußeren Welt entsteht. In dieser durch Wilhelm von Humboldt «energetisch» genannten Phase der Sprachentwicklung *werden* die Dinge, Vorgänge, Einzelheiten der äußeren und der inneren Welt erst durch die Begrifflichkeiten oder «Verstehnisse» in den sprachgegebenen Zeichen unterschieden und als solche zu Bewusstsein gebracht. Ohne diese strukturierende Wirkung der Sprache entstünde nicht die begriffliche Gliederung der äußeren und inneren Wahrnehmungswelt. Selbstverständlich ist in dieser Entwicklungszeit das Denken von der Sprache noch nicht emanzipiert, und deshalb können Zeichen und Bedeutung auch nicht unterschieden werden, denn dazu ist eine von Zeichen unabhängige Denktätigkeit notwendig. Aus demselben Grund spricht das Kind in dieser Periode unreflektiert, es versteht keine reflexionsbedingten Wörter wie «Erfahrung», «Bewusstsein», «Sprache» und so weiter. Solange der Mensch im Gemüt, im Fühlen identisch, eins ist mit der Welt, ist die Sprache nicht dualistisch und vorläufig bloße Bedingung oder Möglichkeit zum Exodus aus der Gegebenheit der Welt. Denn im Fühlen ist keine Dualität, keine Trennung von Objekt und Subjekt; auch in den Emotionen nicht: Man empfindet nicht Ärger, man *ist* Ärger. Sonst könnte man willentlich Emotionen erzeugen, was bekanntlich allenfalls durch das Vorstellen einer entsprechenden Situation geschehen kann. Weil Kunst zum erkennenden Fühlen spricht, nehmen wir auch sie nicht dualistisch wahr: Man kann Erscheinung und Bedeutung nicht trennen.

Die wirkliche Teilung der Aufmerksamkeit geschieht durch die Bildung der Egoität: Das Kind spricht, wenn auch unreflektiert, schon lange bevor die Zeichen der Egoitätsbildung, die Wörter «ich», «mich», «mein» und so weiter, im Sprechen erscheinen.

Meditation: Geteilte Aufmerksamkeit – geteilte Welt.

6.

Die Teilung der Aufmerksamkeit – die Egoität

Wenn im Bewusstsein Objekte erscheinen, muss irgendein Subjekt beziehungsweise Nicht-Objekt anwesend sein. Für gewöhnlich nennt der Mensch etwas «Ich», das eigentlich ein Empfinden ist: das Selbstempfinden, wobei man auf den Körper deutet. Dieses Selbstempfinden kann beobachtet werden, also ist es ein Objekt der verborgenen, da überbewussten Aufmerksamkeit. Nichtsdestoweniger hat man den Eindruck einer Ichhaftigkeit, eines Empfindens, «das bin ich selbst». Dieses Empfinden ist das Urobjekt, meistens wegen seiner Ichhaftigkeit nicht als Objekt erkannt. Seine Entstehung kann folgendermaßen vorgestellt werden.

Die Aufmerksamkeit des Kindes, besonders die fühlende Aufmerksamkeit, richtet sich ursprünglich auf die Welt. Ein Stück der Welt ist der Organismus, auf welchen der Sprechende und Aufmerksame als auf die Außenwelt schaut; daher wird von ihm in dritter oder zweiter Person gesprochen. Ist die Umgebung «warm», besteht sie aus leicht Fühlbarem, wie Naturdingen oder -stoffen, Schönheit, sanften Farben, so wird die fühlende Aufmerksamkeit mit diesen Dingen identisch und beschäftigt sich mit ihnen. Findet die fühlende Aufmerksamkeit in der Umgebung keine oder nur schwer fühlbare Einzelheiten, so wendet sie sich teilweise in sich selber zurück, formt einen Leib, eine Form, die aus ihr besteht. Weil sie geformt ist, verliert sie die freie Flexibilität, also den Aufmerksamkeitscharakter, und wird zum Objekt der frei gebliebenen Aufmerksamkeit. Aufmerksamkeit kann nur frei sein, das heißt *formfrei*. Wird sie geformt, so entstehen Egoität, Leidenschaften, Süchte, menschliche, nicht dem biologischen Leben dienende Instinkte.

Dass man diese Bildung – sie kann auch Ego-Leib genannt werden – als etwas Ichhaftes empfindet, wird dadurch bewirkt, dass die freie Aufmerksamkeit auf etwas Verwandtes stößt, wenn auch in geformtem Zustand. Das wirkliche Selbst wäre die Selbsterfahrung der Aufmerksamkeit in freiem Zustand.

Obwohl die Egoität beziehungsweise der Ego-Leib (Leib, weil etwas Geformtes) eigentlich Objekt ist, spielt sie dadurch, dass sie als ichhaft empfunden wird, gleichsam stellvertretend die Rolle des Subjektes. Deshalb werden gewöhnlich alle anderen Objekt-Erfahrungen auf dieses besondere Objekt bezogen. Dieses scheint wie ein Zentrum der Aufmerksamkeit zu wirken, obwohl es durch die Erfahrung in längeren Phasen der Hingegebenheit offensichtlich ist, dass in der wirklichen Aufmerksamkeit die Egoität ihrer selbst nicht bewusst ist, nicht bewusst sein kann: In *diesen* Erfahrungen wird offenbar, dass die freie, nicht selbstbewusste Aufmerksamkeit die erfahrende ist. Auch in den alltäglichen Aufmerksamkeitserlebnissen ist sie das, aber ihr rasches Oszillieren zwischen den zwei Objekten – dem Wahrgenommenen und dem Ego-Leib – lässt das schwer erkennen. Im Alltagsbewusstsein scheinen die Objekte auf den Ego-Leib bezogen zu sein; in Wirklichkeit gestaltet sich die freie Aufmerksamkeit zum Objekt, nimmt seine Form auf. Unter «Form» ist alles Begriffliche zu verstehen, jede Form, sei sie stofflich, hörbar, fühlbar oder denkbar, hat einen begrifflichen oder begreifbaren Charakter, ausgenommen die sinn- oder bedeutungslosen Formen, welche größtenteils in weiteren, mehr psychologischen Kapiteln (12 und 17) behandelt werden.

Das Mich-Fühlen ist kein Selbstbewusstsein, weil es selbst nicht erkennend, sondern Objekt der erkennenden Aufmerksamkeit ist, wie auch alle Emotionen, so das Empfinden des Körpers, der Genüsse, des Ich-Leibes. Nur erkennende Kraft kann sich selbst begegnen und erfahren. Alles nicht zum Erkennen Fähige muss von einer erkennenden Fähigkeit erfahren werden.

Meditation: Jedes Objekt ist aus Aufmerksamkeit gebildet.

7. Die Egoität

Die freien Aufmerksamkeitskräfte gestalten sich im Ego-Leib zu einer Form. Als Form trennt sich dieser Teil der Aufmerksamkeit von der Welt und verliert die Möglichkeit, frei jegliche Form anzunehmen, das heißt erkennend tätig zu sein. Er bildet, insofern er Form ist, ein Objekt für die freie Aufmerksamkeit, für den verborgenen Zeugen. Dieser Zeuge entsteht geradezu durch die Teilung der Aufmerksamkeit, deren Strom bis zu diesem Zeitpunkt einheitlich war. Jetzt trennt sich der Strom zweifach. Einerseits bilden sich der Ego-Leib und ein frei bleibender Teil des Stromes; andererseits teilt sich der Letztere auch: in einen rein sich hingebenden und in einen «zeugenden» Strom. Der Ego-Leib besteht aus dem sich hingebenden Teil (dieser wird in der Geisteswissenschaft «astral» genannt, weil er die bis zu den Sternen reichende Identität repräsentiert beziehungsweise ist), während der zeugende Teil «Ich-Strom» genannt werden kann. Weil der Zeuge erst ungefähr zugleich mit dem Ich-Sagen im kleinen Kind erscheint, erinnern wir uns meistens kontrollierbar etwa bis zu diesem Zeitpunkt zurück.

Dieses Objekt unterscheidet sich von allen anderen. Es ist kein von Menschen geschaffenes Ding, dessen Begriff oder Funktion dem Menschen verständlich ist; es ist auch kein Naturding, dessen Idee der Mensch zwar nicht versteht, dessen Charakter aber von Sinn und Verständlichkeit zeugt, mag auch die Naturwissenschaft das nicht anerkennen. Die technischen, baulichen und medizinischen Leistungen archaischer Völker beweisen, dass man auch ohne analytische Wissenschaft, ohne Begrifflichkeiten, durch das erkennende Fühlen mit der Natur umgehen kann. Dass es sich nicht um ein Vorgehen nach Versuch und Irrtum handelt, ist an der Tatsache klar zu erkennen, dass wir nirgends Spuren nicht-gelungener Versuche finden, etwa einen Berg von keramischem Abfall, bevor eine Vase entstand. Diese Leistungen sind nur möglich, wenn das erkennende Fühlen die Bedeutung oder den Sinn der erscheinenden Naturphänomene erreicht, wie der Lesende durch die erscheinenden Zeichen bis zum Sinn des Textes dringen kann.

Der Ego-Leib ist nicht lesbar, nicht aus Sinn oder Sinn schaffender Kraft – «Dynamis»[7] – entstanden, sondern aus dem Impuls oder der Sucht nach Selbständigkeit, man könnte sagen, um zu einer verfrühten, unterbewussten Ichhaftigkeit zu gelangen. *Unterbewusst* ist die *Entstehung* der Egoität, sie geschieht nicht aus bewusstem Entschluss. Theologisch und in der Sprache der religiösen Traditionen wird dieses Geschehen der Sündenfall genannt.

Weil dieses Objekt nicht aus Sinn schaffender Kraft, nicht aus der Logoskraft entstanden ist, *spricht* es nicht, ist es nicht kommunikativ. Die Egoität spricht nicht, sie ist keine Ausdrucksform von Ideen, wie die natürlichen und von Menschen geschaffenen Objekte. Das erste sinnlose Objekt, die erste sinnlose Bildung ist der Ego-Leib, ein fiktives Objekt. Durch dieses werden die Weichen für die Herstellung von weiteren nicht-sprechenden, nicht zum Ausdruck dienenden Objekten gestellt, wie es zum Beispiel alle *nützlichen* Dinge sind. *Nützlichkeit* ist immer egoitätsbezogen, daher verstehen kleine Kinder, bevor sie «ich» sagen können, und auch archaische Völker dieses Wort nicht, sie haben keinen entsprechenden Begriff.

Der Ego-Leib ist der Ursprung nicht nur aller nützlichen, sondern auch jeglicher anderen Objekte. Denn zur Objekt-Erfahrung gehört Distanz, geteilte Aufmerksamkeit. Solange die Aufmerksamkeit ungeteilt ist, gibt es weder ein Objekt noch ein fiktives Subjekt in der Form des Ego-Leibes und natürlich auch kein wirkliches Subjekt, kein Selbst, keine Selbsterfahrung der freien Aufmerksamkeit. Wie das Denken Objekt und Subjekt unterscheidet und bestimmt, indem beide für das Denken zu Objekten werden, so verfährt im allgemeineren Sinne – das erkennende

Fühlen und Wollen einbezogen – die Aufmerksamkeit, indem sie das Objekt und das fiktive, selbstempfindende Subjekt sichtet. Und wie das gegenwärtige Denken nicht Objekt eines zweiten Denkens werden kann, das heißt für das Alltagsbewusstsein nicht beobachtbar ist, so kann sich auch die Aufmerksamkeit unter gewöhnlichen Umständen, ohne eine gewisse innere Tätigkeit, nur dann erfahren, wenn sie zu Objekten geworden ist.

Im Sinne der menschlich-menschheitlichen Entwicklung dient der Ego-Leib dazu, den Menschen bewusstseinsmäßig aus seiner Einheit mit der Welt herauszutrennen und sie ihm gegenüberzustellen, das heißt, er dient der Bildung einer Gegenstands- oder Objektwelt. An den Objekten wacht die Mich-Empfindung auf, und sie kann ihrerseits vom Menschen in ihrem Objektsein erfasst werden. Das kann zur Idee des verborgenen, überbewussten Beobachters, des Zeugen führen, für den auch dieses eigenartige Objekt, das Mich-Empfinden, das Andere ist. Der historische Gang der Wissenschaft zeigt eben diese Entwicklung. Erst werden die Sterne, ihre Regelmäßigkeiten, die Himmelskörper beobachtet, und es wird versucht, sie begrifflich zu beschreiben – ihre Bahnen und Zeiten; dann die Erde in der Geo-Metrie; dann der menschliche Körper, dann die Seele (der Ego-Leib) und zuletzt, anfänglich noch, der erkennende Geist. Die Egoität ist notwendige Zwischenstufe zur Erarbeitung des wahren Selbstes.

In der Hingebung, falls sie intensiv ist, vereinigen sich die sonst im Ego-Leib gefangenen Aufmerksamkeitskräfte mit den freien. Die Schale oder der Rahmen der Form aber bleibt größtenteils wie entleert bestehen. Beim Aufhören der Hingabe füllt sich der Ego-Leib wieder auf – deshalb «verdampft» die kathartische Wirkung eines Kunsterlebnisses so schnell. Eine endgültige Auflösung erfolgt durch bewusste innere Tätigkeit.

Meditation: Erkennen ist, wovon man weiß, dass es Erkennen ist.
Meditation: Jegliches Erkennen beginnt im Überbewussten, wird aber auf der Ebene des jeweiligen Selbstbewusstseins bewusst.

8.

Empfindungsleib, Empfindungsseele, Ego-Leib

Empfindung ist ein Bewusstseinsphänomen. Das Bewusstsein und seine Phänomene können nicht durch sinnliche Wahrnehmung gefunden werden. Sie können sinneswahrnehmbare Bedingungen haben, wie Nerven oder Gehirn. Das sind Werkzeuge des Bewusstseins, aber es selbst, samt seinen Erscheinungsformen, gehört der Übersinnlichkeit an. Die Bewusstseinsphänomene sind nicht zurückführbar auf ihre sinnlichen Werkzeuge, wie Musizieren nicht zurückführbar ist auf die Instrumente, obwohl sie zum Musizieren unentbehrlich sind.

Einen Empfindungsleib, wodurch die Empfindungen als Bewusstseinselemente zustande kommen, haben Tiere und Menschen. Sein körperliches Zeichen oder Werkzeug ist das vegetative Nervensystem, schon in der primitivsten Form. Die Funktionen des Empfindungsleibes bestehen im Wahrnehmen und im Regulieren der Leibesvorgänge entsprechend den inneren und äußeren Wahrnehmungen. Beim Tier ist das Wahrnehmen begriffslos, fühlend, den Wirkungen der Umgebung nachgebend. Beim Menschen begleitet von Anfang an Begrifflichkeit das Wahrnehmen, wenn auch die Begriffe beim archaischen Menschen viel weniger denkenden als fühlenden Charakter haben. Der begriffliche Charakter nimmt mit der Bewusstseinsentwicklung zu und folgt auch den Umwandlungen, die im Begriffsleben stattfinden. Das bedeutet, dass die Begrifflichkeiten mehr und mehr ihre Gefühlswolke, ihre Lebendigkeit und Wandlungsfähigkeit verlieren und dass ihr Umfang immer kleiner wird (siehe 1. Kapitel). Dem heutigen Menschen vermittelt der Empfindungsleib im Wahrnehmen, was

Liebe Leserin, lieber Leser,

mit dieser Karte können Sie uns Ihre Fragen und Wünsche
oder Ihre Meinung zum Buch mitteilen.

Diese Karte entnahm ich dem Buch: ______________________________

Meine Meinung zu diesem Buch:

Ich habe folgende Fragen / Wünsche:

☐ **Ich bin damit einverstanden, dass meine Meinung eventuell veröffentlicht wird.** (Ggfs. bitte ankreuzen!)

erkenntnistheoretisch das «unmittelbar Gegebene» genannt werden kann, wovon jegliche gedankliche Bestimmung noch fehlt.[8] Eine Gliederung durch das Fühlen ist jedoch vorhanden, wenn auch für das Alltagsbewusstsein nicht erfahrbar, weil das Egoitäts-Selbst das unmittelbar Gegebene – durch die freie Aufmerksamkeit «gegeben» – sich aneignet und anpasst, der eigenen Ebene entsprechend auf eine leblose Vergangenheitsebene reduziert.

Beim kleinen Kind kann man die Tätigkeit des Empfindungsleibes von der der Empfindungsseele unterscheiden. Die nichtkommunikativen (nicht mit der Absicht des Kommunizierens ausgeführten) Gebärden des Kindes: das Weinen, Schreien bei körperlichen Empfindungen (Hunger, Kälte, Schmerz) – gehören dem Empfindungsleib an, wie auch alles andere, was reflexartig oder instinktiv geschieht. Die ersten kommunikativen Äußerungen, der Blickkontakt und das Lächeln sind spezifisch menschlich und werden schon durch die Empfindungsseele bewirkt, wenn auch noch ohne irgendein Selbstbewusstsein oder eine Ichhaftigkeit.

Die Tätigkeit des Empfindungsleibes ist an den lebendigen Körper gebunden, an das Wahrnehmen durch die Sinne und seine Auswirkung auf die biologischen Prozesse. Fühlt sich der Mensch oder das Tier in Gefahr, so verändern sich dramatisch die Chemie des Blutes und des Gehirns, der Puls, der Blutdruck, das Atmen und so weiter, ohne bewusstes Eingreifen. In der Tierwelt sind diese Reaktionen artgemäß, beim Menschen zeigen sich individuelle Unterschiede. Immerhin hat der Empfindungsleib eine «Form», er besteht nicht aus freien, sondern aus geformten Kräften, deren Wirkungen sich wiederholend, wie nach Mustern ablaufen. Im Empfindungsleib ist das *absichtliche* Erinnern von Erfahrungen nicht möglich, denn das erfordert ein Subjekt und freie Aufmerksamkeitskräfte. Diese freien Kräfte entstehen aus dem Empfindungsleib und bilden die Empfindungsseele, die anfänglich und ursprünglich aus solchen Kräften besteht. Diese Bildung ist das erste Organ des geistigen Wesens, das den Organismus nach der

Geburt ergreift. Die reine Empfindungsseele ist zunächst im Wahrnehmen tätig, aber sie erfasst viel mehr als der moderne erwachsene Mensch, da die freie Aufmerksamkeit durch die Bildung des Ego-Leibes noch nicht beeinträchtigt wird.

Der Ego-Leib bildet sich aus den freien Aufmerksamkeitskräften der Empfindungsseele und ist deshalb mit dieser und dem Empfindungsleib eng verbunden und verwandt, man kann auch sagen, diese drei bilden eine nicht scharf konturierte dreigeteilte Einheit. Doch während der Empfindungsleib ursprünglich eine weise Steuerung auf die biologischen Prozesse ausübt, ist der Einfluss des Ego-Leibes zum größten Teil gegensätzlicher Art. Besonders, da diese Bildungsform im Laufe des Lebens meistens Zuwachs erhält in der Form von menschlichen Trieben, Leidenschaften, Gewohnheiten und dem, was man Komplexe nennt. Diese entwickeln sich nicht nur auf dem seelischen Gebiet, sondern entfalten durch den nahen und verwandten Empfindungsleib, diesen korrumpierend, eine Wirkung auf das Leben des Körpers. Das ist der Ursprung der psychosomatischen Phänomene. Der Ego-Leib und die an ihn sich anlagernden seelischen Formen sind das, was in der Psychologie das Unterbewusste genannt wird.

Gewöhnlich hält der Mensch das Gefühl dieser Bildung für sein Ich, sein Selbst, und empfindet es innerhalb seiner Haut, obwohl dort keine bestimmte Lokalisation festzustellen ist. Die Ursache dieser Empfindung liegt darin, dass die biologischen Prozesse durch die Egoität, das Haften am Selbstempfinden und durch die Sucht danach vielfach als Genussquelle benutzt werden (Essen, Trinken, Rauchen). Andere seelische Formen – Neid, Ehrgeiz, Eifersucht – haben zwar mit der Leiblichkeit unmittelbar nichts zu tun, nähren jedoch das Selbstempfinden, das wiederum auf den Leib bezogen wird. Der ganze Leib wäre die körperliche Unterlage dessen, was Du-Sinn (Ich-Sinn) genannt wird, ein Sinn für andere Ich-Wesen. Diese Funktion des Körpers wird durch die unterbewussten Formbildungen weitgehend gestört und zurückgedrängt.

Das Bewusstsein, das sich auf den Ego-Leib stützt, bildet ein vorläufiges Zentrum der Seele. Dieses vorläufige oder unechte Selbstbewusstsein entsteht dadurch, dass sich freie Aufmerksamkeitskräfte an dem Ego-Leib spiegeln und diese Bildung, weil sie aus verwandter Substanz besteht, für die Entfaltung einer Ich-Empfindung benutzen. Die freie Aufmerksamkeit trifft auf den Ego-Leib als Objekt, und diese Erfahrung lebt in ihr als Ich-Empfindung. Dies ist ein Abglanz des wirklichen Selbstbewusstseins, das die Subjekterfahrung der Aufmerksamkeit wäre, indem sie sich in ihrer Durchsichtigkeit erführe. Die Durchsichtigkeit ist die «vermittelnde» Fähigkeit der Aufmerksamkeit, durch die wir stets die Objekte vernehmen, ohne die Vermittlung und das Vermittelnde unmittelbar zu erfahren.

Wie die Emotionen Wahrnehmungen, also Objekte für die freie Aufmerksamkeit sind oder es im nachhinein werden, so auch die Ich-Empfindung des Ego-Leibes. Es sei angemerkt, dass die erkennenden Gefühle nie zu Objekten werden – wir selber werden sie, wie zum Beispiel im Theater die merkwürdige Identifikation mit dem Geschehen auf der Bühne *uns* zum Weinen, zur Erschütterung, zur Katharsis bewegt, wenn auch all dies sich schnell verflüchtigt. Das Bühnengeschehen, als Objekt angeschaut, lässt uns das Erleben verschmähen.

Weil im Alltagsbewusstsein auch die freie Aufmerksamkeit mitwirkt, ist jenes nicht bloß egoistisch, sondern es kann entscheiden, kann sich auch gegen den Egoismus behaupten. Ein vierjähriges Kind kann schon gegen den Impuls zu weinen ankämpfen, kann das Weinen zurückhalten.

Meditation: Das Mich-Fühlen ist Objekt des Ich.

9.
Das überbewusste Fähigkeitsgebiet der Seele

Während das Unterbewusste aus Formen besteht, Gewohnheitsformen, die sich wiederholen wollen, sind die spezifisch menschlichen Fähigkeiten zwar auch nicht bewussten Ursprungs, aber ihr unbewusster Charakter deutet in eine Richtung, die den seelischen Formen des Unterbewussten entgegengesetzt ist. Die Quellen der menschlichen Fähigkeiten (zum Beispiel Sprechen und Denken) sind deswegen dem Alltagsbewusstsein unzugänglich, weil Letzteres ein Abkomme oder Abglanz gerade dieser Quelle ist. Diese ist zu «hell», zu «blendend» für die abgedämpfte Bewusstheit. Der «Inhalt» des Überbewussten besteht aus dem, woraus sich Formen bilden können, das heißt aus formfreien, formbildenden Kräften. Diese sind ursprünglich, schon beim Kleinkind beobachtbar, auf Sinn, Bedeutung gestimmt, das heißt empfindlich für das Sinnvolle, für Kommunikation, für das, was etwas mitteilt. Formen (wie Bilder, Gedanken, Gefühlsideen) einzugehen vermögen diese Kräfte nur, solange sie formfrei sind, das heißt solange sie sich aus den Gestaltungen, die sie eingegangen sind oder gebildet haben, auch wieder befreien können. Es ist offensichtlich, dass jegliche Formen nur aus formfreien Substanzen entstehen können. So entstehen auch die unterbewussten Bildungen aus den ursprünglich formfreien überbewussten Fähigkeitskräften. Wie erwähnt, kommt auch der Ego-Leib auf diese Weise zustande.

Das Überbewusste ist für das Alltagsbewusstsein verborgen. Das Wort «Wahrheit» (griech. *aletheia*) bedeutet *Unverborgenheit.*[9] Die Tendenz der Menschheitsentwicklung deutet auf den Weg, das zunächst Verborgene immer mehr ans Licht zu bringen,[10] das heißt die Bewusstheit selbst zum Überbewussten hin zu heben. Die Psychologie hat den entgegengesetzten Weg beschritten, das Unterbewusste durch das Alltagsbewusstsein zu durchleuchten – ein aussichtsloses Unternehmen von Anfang an, auch hinsichtlich der zugrunde gelegten Theorien von der Seele, da diesen zufolge das Unterbewusste die größere Macht besitzt und das Bewusstsein beeinflusst. Insofern ist das Unternehmen auch ein erkenntnistheoretisches Paradox.

Das Alltagsbewusstsein stammt von dem Überbewussten ab. Alle seine Inhalte kamen auf dem Wege der Intuition, größtenteils im Kleinkindalter, aus dem Überbewussten. Eben die Fülle der schon erworbenen Begrifflichkeiten, die durch die Zeichen (Wörter) angedeutet werden können, macht das Schöpfen aus dem Überbewussten einerseits mühsam, andererseits wird durch Inanspruchnahme des Gedächtnisses im Denken in Worten das Hingelangen der freien Aufmerksamkeit zum Überbewussten überflüssig. In jedem neuen Verstehen, in jeder Intuition berührt die Aufmerksamkeit für einen Augenblick die überbewusste Sphäre, um nachher gleich wieder auf die Alltagsebene zurückzusinken. Diese Ebene ist für den verborgenen Zeugen immer Vergangenheit, gesichtet aus der Gegenwärtigkeit (nur aus dieser kann Vergangenheit erfahren werden), während die Gegenwart immer verborgen bleibt. Es ist, als ob jemand im Schnee rückwärts gehen würde; dann sieht er nur seine *hinterlassenen* Spuren, die gegenwärtigen Schritte sind von ihm selbst verdeckt.

Jede Vergangenheit aber ist für den gegenwärtigen Zeugen Objekt geworden. Dieser Zeuge ist nicht selbstbewusst, und seine Selbstbewusstheit – seine Wahrheit, Unverborgenheit, Selbstoffenbarung – ist bloße Möglichkeit. Solange sie nicht Wirklichkeit wird, bleibt die freie – nach dem Willen bewegbare – Aufmerksamkeit überbewusst, ein Können, wie auch alle anderen Bestandteile des Überbewussten. Diese noch nicht zu sich selbst aufgewachten Fähigkeiten machen uns zum Menschen, geben uns unsere Menschenwürde. Solche Fähigkeiten sind das Verstehen, das Denken, das Sprechen, somit die Tätigkeit der Sprachorgane, das Sich-Aufrichten, Auf-zwei-Beinen-gehen-Können, alle erworbenen künstlerischen Fähigkeiten (obwohl sie bewusst durch Üben erworben werden, lösen sich die Übungsbeispiele in formfreie Fähigkeiten auf), das Richten der Aufmerksamkeit auf beliebige Objekte und auch die Intensivierung der Aufmerksamkeit durch Übungen. Dazu gehört auch die Fähigkeit des Wahrnehmens, worunter all das Qualitative verstanden werden sollte, das unabhängig vom begrifflichen Durchdrungensein als unmittelbar Gegebenes das Bewusstsein erreicht. Dieses «Gegebenwerden» läuft überbewusst durch die Aufmerksamkeit, ohne welche nichts gegeben werden kann. Alles was wir «Welt» nennen, ist durch die Aufmerksamkeit aufgenommen worden.

Meditation: Alles Gegebene wird durch die Aufmerksamkeit (gegeben).

10.

Die Lücke in der Vererbung

Es ist auffallend, dass das Gebiet des Überbewussten zugleich das der kommunikativen Fähigkeiten ist, wenn man berechtigterweise alles Schöpferische im Menschen dazurechnet. Das Überbewusste besteht aus Entfaltungen der Aufmerksamkeit, die, selbst auf Sinn oder Bedeutung gestimmt, ursprünglich auf dem Gebiet des Kommunikativen fähig und tätig ist.

Die zweite auffallende Eigenschaft dieses Gebietes zeigt sich darin, dass es nicht vererbt ist, mit den Ahnen nicht *unmittelbar* etwas zu tun hat. Die nicht vererbten Fähigkeiten werden nur in normaler menschlicher Umgebung entwickelt, und diese Fähigkeiten sind es, welche die entsprechenden Strukturen im zentralen Nervensystem bilden. So sind zum Beispiel das Sich-Aufrichten, Auf-zwei-Beinen-Gehen, die Sprache, das Denken und so weiter nicht vererbt, all das sind mögliche Ergebnisse der Einwirkungen von der menschlichen Umgebung auf das Kind.

Oft wird behauptet, das Kind ahme nach. Es wäre exakter zu sagen, das Kind folgt den Einwirkungen der Umgebung ohne irgendeinen eigenen Willen zur Nachahmung. Die Einwirkung der Umgebung ist besonders stark in den ersten drei Jahren, beziehungsweise solange das Kind noch nicht beginnt, «ich», «mich», «mein» zu sagen, welches die Kennzeichen für die Bildung des Ego-Leibes sind. Bis zu diesem Zeitpunkt ist die Aufmerksamkeit fast gänzlich in die Umgebung ausgedehnt. Das räumliche Bild dient zur Beschreibung einer Tatsache, die nicht räumlich ist. Mit zunehmendem Alter zieht sich einerseits die Aufmerksamkeit aus dem Umfeld zurück, andererseits wird sie von dem schon errungenen Wissen und Können besetzt, und außerdem wird ein Teil durch die Bildung des Ego-Leibes und weiterer sich an ihn anlagernder seelischer Formen gebunden. Es ist aber bezeichnend, dass die Lücke in der Vererbung gerade auf dem Gebiet liegt, wo die überbewussten Fähigkeiten wirksam sind: im Sprechen und Denken – dass die überbewusste Nachahmungsfähigkeit praktisch bis zum Lebensende bewahrt bleibt. Es ist bekannt, dass man eine Tonhöhe auf Anhieb, ohne Üben, reproduzieren kann. Ebenso einen nie gehörten Laut. Was durch das Hören vernommen wird, das können die Stimmbänder und die Sprachorgane auf Anhieb wiedergeben, weil sie schon beim Hören die entsprechenden Bewegungen nachahmend ausführen. Wenn jemand mit heiserer Stimme spricht, verspüren die Zuhörenden den Drang, sich zu räuspern.

Die Tätigkeit der Sprachorgane unterscheidet sich weitgehend von anderen Willenstätigkeiten. Wenn man eine andere körperliche Willenstätigkeit ausführen will, wird der Wille von der Vorstellung oder dem Denken gelenkt. Wenn wir sprechen, kümmern wir uns nicht um die Tätigkeit der Sprachorgane, sondern um den Inhalt der Rede. Wir sind uns gar nicht dessen bewusst, wie die Sprachorgane arbeiten. Es erscheint in ihrer Tätigkeit ein weiser, überbewusster Wille. In der künstlerischen Tätigkeit erscheint dieser Wille auch, indem wir zum Beispiel aus anderen Körperteilen oder aus dem ganzen Körper Sprachorgane bilden: Der Pianist kümmert sich nicht um die Finger, sondern um die Musik. Beim Singen müssen die Stimmbänder wissen, auf welchen Ton sie sich im nächsten Augenblick einstellen sollen. Das wird dadurch bewirkt, dass der Singende sich den nächsten Ton im inneren Hören vorstellt – nicht, wie sich die Stimmbänder spannen sollen, davon hat man keine Ahnung.

Eine geistige, nicht-körperliche Form der Nachahmung findet beim Erwachsenen statt, wenn er durch den gesprochenen oder gelesenen Text die Gedanken verfolgt; dann muss er sie selber denken. Das bezieht sich auf das *erste* Vernehmen eines Gedankens. Danach ist der auf diese Art belehrte Denksinn imstande, den Gedanken unmittelbar aufzufassen.

Meditation: Durch die Lücke in der Vererbung senkt sich das wahre Ich in den Organismus.

11.

Die Welt der Bedeutungen – die geistige Natur der Aufmerksamkeit

Ein Text, jegliche Sprache sowie alle Künste bestehen aus sinnlich wahrnehmbaren Zeichen und aus der Bedeutung oder aus dem Sinn. Letztere sind Geschehnisse im Bewusstsein, gewöhnlich als Verstehen bezeichnet und erfahren. Im 7. Kapitel wurde lediglich erwähnt, dass eigentlich jeder Gegenstand, ob menschen- oder naturgeschaffen, auch Ausdruck einer Idee, eines Verständnisses ist, dass also die sinnlich wahrnehmbaren Gegenstände auch als Zeichen aufgefasst werden können. Das würde bedeuten, dass wir in einer Dingwelt und zugleich auch in einer Bedeutungswelt leben. Es gibt kein Ding, das nicht aus Qualitäten bestünde, also Bedeutung hätte, wenn sie auch Nützlichkeits-Bedeutung ist.

Während die Zeichenwelt sich in Raum und Zeit (diese Ausdrücke werden in ihrem alltäglichen Sinn verwendet) entfaltet, ist die Bedeutungswelt wesentlich anderen Charakters. Bedeutungen sind weder in der Zeit noch im Raum unterzubringen – im Gegensatz zu ihren Zeichen –, sie haben keine bestimmte Dauer, keine räumliche Ausdehnung. Damit ist auch gesagt, dass sie unstofflich sind. Existieren sie überhaupt? Da sie ursprünglicher als ihre Zeichen sind, kann man ihre Existenz kaum bezweifeln, sie gestalten ihre Zeichen, wenn sie offenbart werden. Wenn ich einen Satz sage oder schreibe, muss ich erst wissen, was ich sagen / schreiben will, sonst könnte ich die entsprechenden Worte respektive die Grammatik nicht finden, ich hätte keine Norm, anhand welcher ich das tun könnte. Dieses «Was» eines Satzes ist noch wortlos und in keiner Sprache angesiedelt, obwohl es mir selber nur in den Worten ganz bewusst wird; immerhin ist dieses «Was» außerhalb von Wörtern und Sprachen so stark an der oberen Grenze des Bewusstseins, dass man seine eventuelle Diskrepanz von dem formulierten Text bemerkt, indem der Text mit dem nicht formulierten «Was» verglichen wird.

Bedeutung, Dynamis, das heißt die Kraft des Wortes oder Satzes, ist stofflos – woraus sollte sie denn bestehen? –, und da sie auch in der Aufmerksamkeit erscheint, wie alle anderen Weltinhalte, ist die Aufmerksamkeit mit dem Wesen der Bedeutung tief verwandt. Das ist gemeint mit «auf Bedeutung gestimmt». Bedeutungen sind zugleich «Verstehnisse» und daher mehr oder weniger locker geformte Teile einer stofflosen, zeitlosen, raumlosen Welt. Wo das Verstehen einen Halt macht, stehen bleibt, dort entsteht ein Begriff, eine bestimmte Bedeutung. Das Verstehen selbst ist kontinuierlich, man kann nicht angeben, wie oft man in den letzten zehn Minuten etwas verstanden hat. Diese Welt der Bedeutungen bildet einen Teil der geistigen Welt. «Geistig» bedeutet substanzlosen Sinn, Sinn auf unzähligen Stufenhöhen. Ein anderer Teil der geistigen Welt besteht aus Ich-Wesenheiten, die die Urheber der geformten Bedeutungen sind. Denn Bedeutung kann nur von Ich-Wesen oder geistigen Wesen kommen und von Wesen derselben Art vernommen werden. Dass wir über Sinn oder Bedeutung nachdenken, ja diese Begrifflichkeiten konzipieren können, zeigt, dass wir mit unserer verstehenden und manchmal neuen Sinn schaffenden Aufmerksamkeit selber zu den geistigen Wesen gehören und an der Bedeutungswelt Anteil haben.

Im Hinblick auf die Natur besteht in der Wissenschaft die Auffassung, dass sie sich ohne Ideen, nicht aus Ideen gebildet habe und daher auch kein Ich-Wesen als Schöpfer mit ihr verbunden zu denken sei. Es ist schwerlich zu begreifen, dass schon der einfachste Knopf zweifellos nur durch eine Idee entstehen kann, etwas viel Komplizierteres wie beispielsweise eine Eidechse dagegen durch natürliche Entwicklung. Andererseits zeigt das Phänomen «Sprache» deutlich die Schöpferschaft von Wesenheiten. Nicht nur, dass es mehr als 5000 gesprochene Sprachen gibt (Dialekte nicht mitgezählt), sie enthalten auch alle informationstheoretisch gesehen einen riesigen Überfluss (Redundanz), was gewiss nicht der Fall wäre, wenn sie aus dem *Bedürfnis* des Informationsaustausches entstanden wären. Außerdem kann nur ein denkendes Wesen ein Zeichensystem schaffen; zu denken aber lernt der Mensch von der und durch die Sprache – nämlich die an sich kontinuierliche Bedeutungswelt in diskontinuierliche Einheiten – Begriffe – zu strukturieren. Auch ist der Tatsache Rechnung zu tragen, dass die Sprachen sich im Zeitenlauf vereinfachen, das heißt die frühe Menschheit hat sich auf eine viel kompliziertere Weise ausgedrückt als wir.

Alle Traditionen haben ein Wissen von Ich-Wesen über die Menschen hinaus.

Die Aufmerksamkeit kann prinzipiell jegliche Bedeutung vernehmen. Das bedeutet, dass sie an sich formfrei ist. Denn nur eine formfreie Wesenheit kann jegliche Form annehmen. Wasser ist an sich formfrei, nimmt die Form jeglichen Gefäßes an.

Die Aufmerksamkeit ist in der geistigen Welt, in der Bedeutungswelt, zeitlos, raumlos, und von dorther nimmt sie beide Welten, die sinnliche und die geistige, wahr, indem sie ihre Formen annimmt, zu diesen Formen wird. Unter Formen wird die Bedeutungsform verstanden, nicht die sinneswahrnehmbare, welche aus der Bedeutungsform im Vorgang des menschlichen Erkennens als Zeichensprache entsteht. Als ob ein Gedankenleser das Gelesene zu Papier brächte: Wir selber «lesen» unsere eigenen Gedanken.

Meditation: Alles ist aus Aufmerksamkeit.

12.

Formen und das Reflektieren

Die Aufmerksamkeit ist ursprünglich formfrei, das kleine Kind kennt noch keine strukturierten Formen und keine Dinge, weil ihm die Begrifflichkeiten noch fehlen, durch welche die Einzelheiten aus dem kontinuierlich zusammenhängenden «Weltbild» herausgegliedert werden. Das erste Objekt entsteht aus der Aufmerksamkeit selbst (siehe 6. Kapitel), und dadurch erscheint eine Objektwelt für die formfrei gebliebene Aufmerksamkeit. Durch die Objekte, die auf das Alltags-Ich bezogen werden, hält sich Letzteres – die Mich-Empfindung nämlich, die für das Ich gehalten wird – aufrecht, denn *dieses* Ich empfindet sich, stößt sich an den Objekten.

Jede Formbildung bringt aber ein Zerreißen der Zusammenhänge, eine Wunde mit sich, die durch das Erkennen geheilt werden will, in dem die Zusammenhänge bewusst hergestellt werden, auch begrifflich in das Licht treten. Das Ego oder Alltags-Ich ergeht sich in Formen, lebt aus Objekten, Grenzen, Gewohnheiten. Sie alle sind Objekte der formfreien Aufmerksamkeit.

Der heutige Erwachsene kennt normalerweise die formfreie Aufmerksamkeit nicht, weil diese Erfahrung die des wahren Subjektes wäre und weil die Aufmerksamkeit als ein in sich Unerfahrbares nur in Bezug auf Objekte, zu diesen geworden, in Formen geronnen im Bewusstsein, das heißt für die freie Aufmerksamkeit auftaucht. Ein Teil der Aufmerksamkeit erscheint in der Form von Objekten dem anderen, freien Teil, begleitet durch das Mich-Empfinden. Man kann diesen sich wiederholenden Vorgang als ein jeweilig momentanes Aufwachen der Aufmerksamkeit sehen, in dem die Objekte als Formen der freien Aufmerksamkeit die Möglichkeit bieten, sich in ihnen wiederzuerkennen. Diese Möglichkeit wird aber höchst selten zur Wirklichkeit. Immerhin erlernt die freie Aufmerksamkeit die Bewegung, zu Objekten aller Art zu werden und sich aus diesen Formen wieder zu befreien. Durch das Spiel des Selbst-Empfindens und der freien Aufmerksamkeit entwickelt sich die Polarität zwischen dem «Ich» und dem «Anderen» und durch die geteilte Aufmerksamkeit als Intuition die Fähigkeit der *Reflexion*, die sich auf das vergangene eigene Leben als auf ein «Anderes» richtet.

Letztere kann den Menschen weiterführen, wenn er sich auch das reine, durch nichts anderes beeinflusste Denken erarbeitet. Dann tauchen ihm durch die Beobachtung der eigenen Bewusstseinsvorgänge immer neue Fragen und Möglichkeiten auf. Einige der in diesem Zusammenhang wichtigen Probleme seien hier erwähnt.

Der Beobachter des eigenen Bewusstseins kann gewahr werden, dass der gegenwärtige Bewusstseinsvorgang, die Gegenwart, das «Jetzt» für ihn überhaupt nicht zu beobachten ist. Die Objektwelt – auch ein Gedanke ist ein Objekt – erscheint stets als fertig-produziert, als Ergebnis von nicht-erfahrenen Prozessen. Der Blick auf diese Vergangenheitsformen kommt aber aus der Gegenwärtigkeit. Es taucht naturgemäß die Frage auf, ob und wie man die Gegenwärtigkeit erfahren könnte.

Man kann den eigenen Egoismus in seiner Wirksamkeit und seinen Äußerungen wahrnehmen. Das bedeutet, dass im Bewusstsein ein nicht-egoistischer Teil anwesend ist, ein Stück der ursprünglichen, nicht-egoistischen Aufmerksamkeit. Kann man diesen Teil stärken, entwickeln?

Der Mensch wird von seinen Emotionen überwältigt, und im Nachhinein vermag er über sie nachzudenken, sie im Heraufbeschwören zu beobachten. Er kann auch bemerken, dass außer ihnen noch erkennendes Fühlen dem Bewusstsein zur Verfügung steht, vor allem in Kunsttätigkeiten und -erlebnissen. In der fühlenden Aufmerksamkeit kann am ehesten das Alltags-Ich «vergessen» werden. In den Emotionen selbst geht die freie Aufmerksamkeit eher verloren, während das Alltags-Ich die Emotionen genießt; auch die negativen Emotionen dienen dazu, das Mich-Empfinden aufrechtzuerhalten und zu bestätigen.

Der Reflektierende kann entdecken, dass die Quelle des Verstehens, der Erkenntnisse im Intuitiven liegt. Er kann das Aufblitzen der Intuition sichten, ohne aber ihr Wesen, ihren Ursprung zu erkennen. Ist einmal die «Richtung» der Quelle wahrgenommen, so kann sich die Bewusstheit nach ihr orientieren – wie könnte sie ihr näher kommen?

Eine der rätselhaftesten Erfahrungen ist das *Verstehen* selbst. Es hat intuitiven Charakter, ist aber ein kontinuierlicher Strom, in dem wir uns befinden oder auch nicht; stets fallen wir – in den Momenten des Verstehens – aus ihm heraus. Wir wissen durch ein unmittelbares Fühlen, ob wir verstehen oder nicht, wobei sich dieses Fühlen nur im ersten Fall irren kann. Wir können auch feststellen, dass «Verstehen» eine archetypische Gegebenheit des menschlichen Geistes sein muss. Ohne sie wäre auch das Nicht-Verstehen nicht festzustellen, wir wären in der Welt völlig ohne Orientierung. Man kann nicht erklären, beschreiben, was Verstehen ist – es ist inbegriffen in der Gestimmtheit des Geistes auf Bedeutung. Ja, diese Gestimmtheit *ist* der Geist selbst.

Man kann auf die Willenssphäre schauen und bemerken, wie die gewöhnliche Willenstätigkeit durch Denken und Vorstellen gelenkt wird, die überbewusste Willenstätigkeit im Sprechen und Denken dagegen außerhalb der Reichweite des Alltagsbewusstseins ist. Man kann aber auch Selbstständigkeiten willentlicher Art in der Seele gewahren, die imstande sind, gegen den bewussten Willen zu arbeiten, beispielsweise in Form von unwillkürlich auftauchenden Assoziationen.

Das reflektierende Bewusstsein kann die Sprache betrachten und das Wort als aus Zeichen und Bedeutung bestehend wahrnehmen. Es kann von der Betrachtung der Sprache auf die von Menschen geschaffenen Gegenstände übergehen und diese auch als Worthaftigkeiten ansehen, denn ein Ding ist jenes Ding durch seine Bedeutung oder dadurch, wie es verstanden wird, durch seine Funktion. Es kann die Frage gestellt werden, ob dies auch in Bezug auf Naturdinge gültig ist. Sind sie auch Zeichen von Bedeutungen?

Meditation: Formen, Objekte sind für das formfreie Subjekt.

13.
Verständliche und unverständliche, sinnvolle und sinnlose Formen

Die ursprüngliche Gestimmtheit der Aufmerksamkeit ermöglicht die Resonanz auf Sinnvolles, oder anders ausgedrückt, ermöglicht das Verstehen überhaupt. Nur Sinn kann verstanden werden; Sinn und Verstehen bedingen sich gegenseitig. Beide Wörter sind aus der Denksphäre genommen, aber sie können ausgedehnt werden auf das ganze Bewusstsein. Tut man das, so zeigt sich: Die Aufmerksamkeit ist ursprünglich auf das Gute, auf die Wahrheit, auf das richtige Maß, auf den richtigen Zeitpunkt gestimmt, auf die Möglichkeit, selektiv zu wirken, aus der Gesamtheit herausgliedern und das Herausgegliederte ebenso wieder mit dem Ganzen verbinden zu können. Mit einem Wort: Die Aufmerksamkeit ist auf die Logoswelt gestimmt, und deshalb enthält sie die Tendenz, die Erfahrung ihrer selbst zu suchen. Wir können und müssen nicht erklären, was «Bedeutung» und «Verstehen» ist. Die Gestimmtheit auf diese Signaturen der Logoswelt ist die gemeinsame übersprachliche Sprache des Menschengeschlechtes. Was erkennend ist, muss frei sein, das heißt formfrei, um jede Form annehmen zu können. Verliert die Aufmerksamkeit ihre Formfreiheit, so verliert sie auch ihren erkennenden Charakter, wird selbst zu einer Form oder einem Leib und damit Objekt der freien Aufmerksamkeit. Sie verliert aber auch ihre Reversibilität, sie kann sich aus der Form, in welcher sie ihre Freiheit eingebüßt hat, nicht mehr herausziehen. Um diesen Prozess zu verstehen, muss man das *Verstehen* näher betrachten.

Woher wissen wir, dass wir etwas verstanden haben? Wir wissen es unmittelbar, brauchen nicht nachzudenken oder Versuche anzustellen, es ist uns ohne jegliche Probe klar. Das erkennende Fühlen sagt «ja». Woher wissen wir sofort, wenn wir etwas nicht verstehen? Das erkennende Fühlen sagt dazu «nein». Der Unterschied zwischen diesen beiden Fällen liegt darin, dass wir uns leicht und oft irren, wenn wir meinen, etwas verstanden zu haben; hingegen irren wir uns nie, wenn wir fühlen, wir haben nicht verstanden. Es kann nicht vorkommen, dass wir verstehen, ohne es zu bemerken.

Das erkennende Fühlen ist das ursprüngliche Fühlen, die nicht-erkennenden Emotionen werden später aus ihm gebildet, durch einen ähnlichen Vorgang, wie es im Hinblick auf die Egoität (7. Kapitel) beschrieben wurde. Emotionen sind Wahrnehmungen, die uns zwar überwältigen, doch im Nachhinein beobachtbar sind; erkennendes Fühlen ist und wird niemals Objekt, es ist durchsichtig, wie alle Arten der Aufmerksamkeit.

Wie schon angedeutet, gibt es Formen, aus denen sich die Aufmerksamkeit nicht befreien kann, ist sie einmal zu solchen Gebilden geronnen. Diese Formen sind keine *sprechenden*, sie sind nicht Ausdrucksformen einer *Bedeutung*, nicht geschaffen, um etwas mitzuteilen. Sie gehören nicht in die Logoswelt, obwohl zu ihrem Zustandekommen die Kraft der Sinnschöpfung verwendet wird, aber nicht um Sinn hervorzubringen, sondern aus anderen Gründen. Solche Formen sind zum Beispiel um der *Nützlichkeit*, der Bequemlichkeit, des Genusses willen entstanden. Diese Begrifflichkeiten sind nur innerhalb des Bereiches der Egoität «verständlich», sie haben einen an die Egoität gebundenen «Sinn» und werden daher weder vom Kleinkind noch von einer archaischen Gemeinschaft verstanden: Weder das Kind noch archaische Völker leben nach dem Gesichtspunkt der Bequemlichkeit, und Nützlichkeit ist nicht der Leitstern in ihrem Leben.

Weder Emotionen noch Nützlichkeit oder Bequemlichkeit als Begrifflichkeiten oder als Lebensformen sind «sprechend», «kommunikativ». Ärger, Neid, Ehrgeiz sind egoistische Emotionen, nicht Ausdruck von Ideen oder Einsichten. So ist zu verstehen, dass irreversible Formen, aus denen sich die Aufmerksamkeit nicht befreien kann, mit dem egoistisch-emotionalen Seelenbereich zusammenhängen.

Es wurde erwähnt, dass man sich oft irren kann, wenn man meint, etwas verstanden zu haben, während man sich nie irrt, wenn man fühlt, man hat nicht verstanden. Den ersteren Fall nennt man «Missverstehen», und es muss Gründe geben, warum Missverständnisse überhaupt und noch dazu häufig vorkommen.

Meditation: Selbstempfindende Gefühlsformen (Emotionen) fühlen nicht.

Meditation: Verstehen ist unegoistisch.

14.
Missverstehen im Denken und Fühlen

Der Mensch ist ursprünglich auf Verstehen eingestellt, und wenn er nun nicht versteht, kann er das als unangenehm empfinden. Man will diese Empfindung vermeiden; das kann ein Grund des Missverstehens sein. Meistens aber hat es noch andere, nicht weniger egoistische Gründe. Jedenfalls ist das Missverstehen nie zufällig, es hat immer Ziele, eine Richtung; sonst würde ja der Mensch bemerken, dass er nicht versteht, auch wäre es kaum möglich, das Missverstehen im Nachhinein zu entdecken. Das Fehlen oder Ausbleiben der Resonanz im erkennenden Fühlen wird durch Emotionales übertönt. Wenn sich das Denken schon durch den Einfluss von etwas, das kein Denken ist (Wunsch, Interesse und so weiter) irrt, so kann die Berichtigung mit Hilfe eines erkennenden Fühlens, zum Beispiel des Evidenzgefühles, geschehen. Wenn das Fühlen sich irrt, ist das Denken ohnmächtig. Das Fühlen irrt sich meistens, weil es durch die Sucht des Selbstempfindens verführt wird. Das Missverstehen ist immer stärker selbstempfindend als das Verstehen. Beim Verstehen kommt das ganze seelisch-geistige Leben in bejahende Resonanz, beim Missverstehen nur die egoistische Emotionalität. Eben deswegen ist das *Selbst*empfinden stärker. Wo die Aufmerksamkeit mit einer Form nicht ganz eins werden kann, *empfindet* man die Form und sich zugleich. Empfindung und Verstehen sind in *diesem* Sinne Polaritäten: Verstehen ist unegoistisch.

Schon auf intellektuellem Gebiet ist das Nicht-Verstehen unangenehm. Es kann aber sein, dass auch das Verstehen peinlich ist, gelegentlich peinlicher als das Nicht-Verstehen; zum Beispiel wenn die Wahrheit oder die Wirklichkeit nicht den Erwartungen entspricht. In beiden Fällen entsteht die Neigung, die Peinlichkeit durch ein Missverstehen zu vermeiden. Die so genannten Fehler des Denkens sind keine Fehler, sondern Einflüsse des Emotional-Egoistischen in den Lücken des Denkens, wo das Denken aussetzt. Das Denken selbst ist unfehlbar auf seiner jeweiligen Ebene, sonst könnte es die «Fehler» weder einsehen noch korrigieren.

Wenn das intellektuelle Missverstehen verbalisiert werden soll, kann man es *Illusion* oder *Irrtum* nennen, und der Grund, wodurch solches entsteht, kann generell *Nützlichkeit* genannt werden, Nützlichkeit in sehr weitem Sinne: für die Egoität.

Wir haben nun für das Denkerische:

Verstehen	Nicht-Verstehen	Missverstehen
Bedeutung	kein Sinn	Illusion, Irrtum
Licht	Dunkelheit	Nützlichkeit

(Dies alles sind *Meditations*themen.)

Transponiert man diese Qualitäten in die Sprache des Fühlens, so gelangt man zu einem viel komplizierteren Bild. Der Grund dafür liegt darin, dass es nicht leicht ist, die analogen Gegebenheiten zu den drei Möglichkeiten im Denkerischen auf dem Gebiet des Fühlens zu finden. Dabei muss auch daran erinnert werden, dass Denken, Fühlen, Wollen abstrakte Kategorien sind, die in der Wirklichkeit immer miteinander und vermischt erscheinen. Was im Denken oder für das Denken *Verstehen* ist, dem entspricht im Fühlen die *Urfreude*. Es ist die Freude am Dasein, die selbstverständlich nur entsteht, wenn dieses Dasein harmonisch, ungestört ist, in Harmonie mit der Welt, der Umgebung, mit dem ganzen eigenen Leben. Das Fühlen könnte sagen: «Alles ist in Ordnung», entspricht dem Sinn des Daseins, ist sinnvoll (ohne gedanklich geklärt zu haben, was «Sinn» und «sinnvoll» ist). Bei kleinen Kindern kann man manchmal diese Freude, die keine äußeren Gründe hat, tatsächlich erleben. Sie wird bei Dante *(Paradiso XXIX)* als grundsätzliche Komponente des Engel-Daseins geschildert:

> Nicht um für sich des Guten zu erwerben,
> Was nimmer sein kann, nein, dass glanzerstrahlend
> Ihr Glanz «Ich bin vorhanden» sagen könne,
> Erschloss in ihrer Ewigkeit sich, außer
> Der Zeit und jeglicher Begrenzung, wie's ihr
> Gefiel, die ew'ge Liebe in neun Lieben.
>
> (Übersetzung von Philalethes)

Man könnte auch sagen, die fühlende Aufmerksamkeit ist ursprünglich auf diese reine Freude gestimmt. Sie taucht im Leben des Erwachsenen in und nach großen Erkenntniserfahrungen auf. In diesen wird wenigstens ein Teil der Emotionen, der Egoität zum Stillschweigen gebracht, in die erkennende Aufmerksamkeit aufgesaugt, und eben das Untergehen des Emotionalen im Menschen ist die Bedingung zur Herstellung des ursprünglichen Fühlens, der Urfreude.

Meditation: Kennst du die reine Freude? Du wirst die Göttlichkeit erkennen. (M. Scaligero)

Was für die Intellektualität Nicht-Verstehen ist, heißt in der Sprache des Fühlens *Schmerz*. Das ist der entgegengesetzte Pol der Urfreude; das Dasein wird als nicht harmonisch empfunden, es ist keineswegs «alles in Ordnung», und die Existenz scheint – wenigstens auf einigen Gebieten – keinen Sinn zu haben.

Auf dem Gebiete des Fühlens ist es noch viel angebrachter, ein «Nicht-Verstehen» zu vermeiden, als im Denkerischen, weil das Nicht-Verstehen hier schmerzhaft ist. Das Missverstehen, das auf solche Weise entsteht, bringt sinnlose, nicht-kommunikative, nichtssagende Gefühlsformen hervor, Leidenschaften (der Name besagt, dass wir sie erleiden), Süchte, Begierden, Genuss-Sucht.

Es ist bekannt, wie zäh Ungedanken sind, Vorurteile, Denkgebilde, die nicht aus eigenem Denkurteil, sondern durch Hörensagen, durch Einflüsse in der Kindheit und so weiter entstanden sind. Je öfter man sie wiederholt, umso mehr verhärten sie. Das aber ist eine verschwindend geringe Hartnäckigkeit verglichen mit den emotionalen Gebilden. Ist einmal die fühlende Aufmerksamkeit in eine solche Mausefalle geraten, so kann sie sich aus der betreffenden Form nur unter besonderen Umständen befreien. Denn diese Mausefallen oder irreversiblen Formen sind aus der Aufmerksamkeit selber gebaut, und eben deshalb steckt sie fast unwiderruflich in ihnen.

Warum entstehen solche Formen? Im Allgemeinen aus vordergründiger seelischer Nützlichkeit, aus Egoität, als Ersatz für die Urfreude. Das Sich-Empfinden, das das Missverstehen begleitet und oft dessen Grund ist, ist Ersatz für das Selbsterfahren. Weil diese Formen sinnlos sind, ist an ihnen die Selbstempfindung intensiver als beim Verstehen. Im Verstehen wird man im Übergang restlos eins mit dem Verstandenen, auch die sonst in der Egoität gefangene Aufmerksamkeit wird in die Hingabe einbezogen, es bleibt keine Aufmerksamkeit für das Selbstempfinden. Im nachhinein kann es als Stolz auf die Leistung auftreten.

Die Verführung zum Missverstehen durch das Selbstempfinden wird meistens durch eine Vorstellung eingeleitet (die Vorstellung der Zigarre, des Weingeschmacks und so weiter, bevor man sie anzündet beziehungsweise zum Glas greift).

Meditation: Selbstempfinden sucht Selbstempfinden.

Die Fantasie arbeitet in diesen Fällen unter der Fahne und mit der Kraft der Selbstempfindung. Das Vorstellungsbild schwimmt auf den Wogen einer Emotion, wird gar nicht klar gedacht, weil die Emotion das Wichtigere ist, die Vorstellung dient bloß als Zeichen, als Griff der Selbstempfindung, ist kein wirklicher Ausdruck einer Bedeutung. Das erkennende Fühlen sagt weder «ja» noch «nein» zum Missverständnis; an die Stelle dieses Fühlens tritt gerade das Emotionale, das nicht-erkennende Fühlen, verführt durch die Emotion der jeweiligen «Nützlichkeit», des leichteren Weges, der Eitelkeit, des Ehrgeizes, der Eifersucht, des Ärgers, auch zum Beispiel der «genossenen» Traurigkeit. Man vergleiche die Vorstellung von Vanilleeis – um bei dem Harmlosesten zu bleiben – mit der von einer Büroklammer.

So haben wir im Hinblick auf das Fühlen:

Verstehen	Nicht-Verstehen	Missverstehen
Urfreude	Schmerz	Genusssucht, Begierde, Süchtigkeit

Die sinnlosen Gefühlsformen – immer in Verbindung mit Willensformen – kommen als Anlagerungen an den Kern der Egoität, den Ego-Leib, zustande. Ihre Genese beim Kind kann auf die nicht entsprechend verwendeten Gefühlskräfte einerseits und auf die Einwirkung der Erwachsenen-Umwelt andererseits zurückgeführt werden. Letztere kann sich nur geltend machen, wenn freie, das heißt erkennende Gefühlskräfte unbeschäftigt sind. Das tritt ein, wenn die Umgebung dem Kinde wenig fühlbare Gegenstände, Begriffe, Stoffe und Wörter bietet. Das Kleinkind versucht zwar alles zu fühlen, aber unter den Objekten des Fühlens gibt es große Unterschiede. Natur, ursprüngliche Wörter und Begriffe der Muttersprache, die positive, liebende Zuwendung der Erwachsenen sind für das Fühlen des Kindes Nährstoffe. Abstrakte, technische, wissenschaftliche Wörter, negative Emotionen sind für das kindliche Fühlen schwer oder nicht zu assimilieren, ebenso reflexive Ausdrücke wie «Erfahrung», «Sprache», «Bewusstsein», «Begriffe» und so weiter. Begegnet dem Kind oft das Schwer- oder Nicht-Fühlbare, so wird aus den ursprünglich erkennenden fühlenden Kräften ein in sich webendes Gebilde, eine Form. Das Urbild zu dieser Metamorphose ist der Ego-Leib selbst.

Die Frage nach dem Ursprung dieser seelischen Gebilde und der entsprechenden Wörter, Dinge, Begrifflichkeiten führt in die Urgeschichte der Menschheit. Was war das erste Missverstehen, und wie ist es zustande gekommen? Die Antwort weist in jeder Tradition auf eine Art Sündenfall und auf eine Kraft, die den Menschen in das Missverstehen, in die Sünde führt und die nicht in die Logoswelt gehört.

15. Die Entwicklung des Willens

Die Urgebärde des Willens des erwachsenen Menschen im Zeitalter der menschlichen Mündigkeit (das heißt des Reflektieren-Könnens) ist die *schöpferische Liebe.* Mündigkeit bedeutet Verantwortlichkeit für das eigene Tun und Dasein, die aus der Fähigkeit der Reflexion folgt. Schöpferische Liebe bedeutet, dass jeder Mensch zum Schöpfertum aufgerufen ist und dass er, ohne diesem Ruf zu folgen, kein voller, kein heiler Mensch sein kann, sondern erkrankt.

Dass im Menschen der Drang, Neues und vom Standpunkt des biologischen Lebens Überflüssiges zu schaffen, als Gestimmtheit anwesend ist, weiß schon Heraklit, und im Neuen Testament wird diese Tatsache unter dem Wort *Charis* beschrieben.[11] Charis ist eines der Wörter, die wir in ihrem einstigen Sinn nicht mehr verstehen, es wird gewöhnlich mit «Gnade» übersetzt – auch dieses Wort verstehen wir nicht mehr im Sinne des Neuen Testaments. Das Kind und das archaische Bewusstsein sind vorwiegend auf den umgekehrten Willen gestimmt, den auch der Erwachsene im Sinneswahrnehmen und in jeder intuitiven Bewusstseinsgebärde ausübt: «Dein Wille geschehe.» Je mehr man den Eigenwillen zurücknimmt und die Hingabe, die empfangende Aufmerksamkeit pflegt, umso mehr nimmt man wahr, sowohl in der Sinneswahrnehmung als auch in gedanklicher oder fühlender Intuition. Der Mensch ist in diesem Urbewusstseinszustand wie eine Fortsetzung der Welt, allerdings derjenigen Welt, die sich ihm unter den Bedingungen solchen Bewusstseins ergibt und die sich von der

Welt einer späteren Menschheit weitgehend unterscheidet: Diese Urwelt offenbart das Geistige, die Bedeutungen der sinneswahrnehmbaren Zeichenwelt *im* Wahrnehmen und ebenso im inneren Erleben die geistige Führung. All dies kann in einer *Ergriffenheit* durch einen allgemeinen Kulturimpuls geschehen, der das ganze Leben prägt und durch einzelne Auserwählte vermittelt wird (zum Beispiel Moses oder Gilgamesch).

Die Willensäußerungen des Kleinkindes sind zweifach. Einerseits bestehen sie aus den Impulsen, die im Dienste des biologischen Lebens stehen (Saugen, Essen, Weinen), andererseits sind sie «überflüssig», wie Blickkontakt, Lächeln und Lallen. Letztere stammen nicht aus dem vererbten Organismus, sondern aus der individuellen, spezifisch menschlichen Ichheit, die noch nicht selbstbewusst, aber im Organismus schon tätig ist. Sie haben eine überbewusste Quelle, die man später in der freien Aufmerksamkeit wiedererkennt.

Die typische Wirkungsweise des überbewussten Willens wurde im 10. Kapitel geschildert. Was von außen an das Gehör dringt, wird durch die aktiven Organe des Sprechens oder Singens zugleich nachgeahmt und gegebenenfalls verlautlicht. Zugleich wird beim Spracherwerb der Sinn des Gesprochenen durch das erkennende Fühlen erfasst, das seinerseits durch die Sprechintention des Redenden als Willensimpuls geprägt wird. Dieses Phänomen bildet ab, wie einst ein Wille von oben her, aus dem Überbewussten, durch den Organismus auf «Erden» verwirklicht wurde. Man kann sagen, die Grundlagen des Menschenwesens, Sprache und Denken, werden ihm überbewusst zur Verfügung gestellt, durch die Einwirkung der menschlichen Umgebung auf die geistigen, noch nicht differenzierten überbewussten Fähigkeiten des Kindes. Das Kind hat in dieser Phase der Entwicklung noch kein Selbstbewusstsein und deshalb auch keinen Eigenwillen. Was als Willensäußerung erscheint, ist entweder überbewussten Ursprungs oder aus dem Biologischen, durch den Empfindungsleib bestimmt.

Mit dem Ego-Leib beginnt das erste Ich-Bewusstsein und damit der vom Ich-Bewusstsein her impulsierte Eigenwille. Die Vorgänge und die Entwicklungsphasen sind nicht streng getrennt, sie überlappen sich und wirken auch gleichzeitig.

Die Fähigkeit des Reflektierens ist der nächste wichtige Schritt auch in der Willensentwicklung. Denn die Tätigkeit des Reflektierens kann nur durch den frei werdenden bewussten Willen beginnen, und sie erfordert wenigstens für einen Augenblick eine Heraushebung des Bewusstseins aus der Verankerung im Körperlichen. Das ist auch dadurch ersichtlich, dass der Blick auf die Vergangenheit – und nur die Vergangenheit kann das Objekt der Reflexion sein – aus der Gegenwärtigkeit geschehen muss, nur aus dieser kann man auf die Vergangenheit schauen. Das Erreichen der Gegenwärtigkeit durch Bewusstseinsschulung aber ist nur durch den aktuellen Willen möglich, auch wenn man Gründe zur Reflexion hat. Diese Art des Erinnerns, das absichtliche Heraufbeschwören einer beliebigen Gegebenheit, ist spezifisch menschlich.

Damit setzt der Wille seine Entwicklung zur Freiheit an. Ein Bewusstsein, das des Reflektierens nicht fähig ist, kann auch nie frei, das heißt schöpferisch sein. Schaffen bedeutet *anfangen zu können*, ohne Ursachen, wohl unter Bedingungen, jedoch nicht als Folgeerscheinung und auch nicht im Sinne eines vorausgesetzten Zieles, sondern eben Anfang setzend. Jede echte Schöpfung ist dieser Art, man kann nicht nach einem Warum fragen.

Die Fähigkeit der Reflexion ist kulturell durch die Entwicklungsgeschichte der Aufmerksamkeit (siehe 5. Kapitel) gegeben, sie ist kein individuelles Erreichnis, sondern gehört noch zu dem Geführtwerden, das heißt zur menschheitlichen Pädagogik des Menschen. Diese Fähigkeit trägt aber die Möglichkeit in sich, dass man durch sie zu der Einsicht kommt: Die gegenwärtigen Vorgänge müssen da sein, sie sind nur nicht erlebbar, weil *überbewusst*. Man kann das Tragische dieser Situation, dass wir nämlich in einer Vergangenheitswelt leben, weitgehend erfahren und sich Wege suchen, dass das Bewusstsein nicht nur augenblicklich, im Moment des Verstehens, des Intuitiven die Gegenwärtigkeit, Leerheit berührt, sondern das ewige Jetzt erlebt – wenn es vergeht, ist es nicht erlebt, kein wahres Jetzt. Anders ausgedrückt, es kann ein Bestreben erwachen, den Augenblick der formfreien Aufmerksamkeit zu verlängern und ihn so in die Erfahrung zu heben, ein Bestreben, das bisher Überbewusste zur Bewusstheit zu bringen.

Die Reflexionsfähigkeit ist gleichbedeutend mit dem Zugang zur augenblicklichen Gegenwärtigkeit, zum Schöpferischen. Es gehört zum Geburtsrecht des Menschen, das Neue, das Schaffen, das Zukünftige selber hervorzubringen, die zweite Liebe.[12] Die erste ist die natürliche Liebe einer Gegebenheit, die Mutterliebe, geschlechtliche Liebe, Trieb zum Erkennen der Gegebenheiten, die zweite ist eine Liebe zu dem, was noch nicht ist, damit es werde: die schöpferische Liebe zum Tun.[13]

Meditation: Jetzt kann nur ewig sein.

16.

Das Missverstehen im Willensbereich

Der Erwachsene arbeitet normalerweise mit drei Arten von Willenskraft: im Sprechen, Denken, in der künstlerischen Tätigkeit mit einem überbewussten Willen, der dem Inhalt folgt (im Sprechen und in der Kunst) oder mit dem Inhalt identisch ist (im Denken); im Alltag wird der Wille durch ein Vorstellen oder Denken geführt, er selbst ist wie schlafend oder blind; im schöpferischen Tun wird der Wille durch eine Intuition geführt und ist mit dem Inhalt identisch. Mit dieser letzteren Fähigkeit waren vor dem Zeitalter der Selbstbewusstseinsseele nur wenige Menschen begnadet. In unserem Zeitalter, in dem das Reflektieren-Können jedem Menschen gegeben ist – wenigstens als Möglichkeit –, ist die Fähigkeit des Schaffens auch als Bedürfnis dem Menschen wie eingewurzelt, wenngleich das meistens nicht bewusst ist. Wird diese Potentialität nicht zur Wirklichkeit ausgelebt, so entsteht in der Menschenseele das Gegenbild der schöpferischen Liebe, und das heißt *Angst.* Angst, verwandt mit *Enge*, Verengung – im Intellektuellen dem Nicht-Verstehen entsprechend – würde verbalisiert «Ich bin nicht» lauten.

Die Angst ist die Angst, nicht zu sein. Sie ist paradox, wie jede Angelegenheit des Ich. Es könnte heißen: Ich habe Angst, also bin ich. Die Angst hindert das Schaffen, zugleich ist sie das Ergebnis des Verschmähens der schöpferischen Kraft in uns. Im Schaffen müsste das Egoistische losgelassen werden, und die Angst ängstigt sich, dass damit das ganze Dasein verloren gehen könnte. Das Egoistische ist der Ersatz für das wahre Selbst, das im Schaffen sich individualisiert, zur Erscheinung kommt. Nur durch unsere Schöpfungen werden wir individuell.[14] Das Unterlassen des Schaffens lässt die Angst wachsen. Das Haften am Ersatz, am Nicht-Ich, am egoistisch Geformten ist das wahrhafte «Ich bin nicht».

Die Angst ist nicht-gebrauchter Wille, der gebraucht werden könnte. Mit dem Schöpferischen tritt das Ich aus der Verengung des geformten Alltags-Ich heraus, weitet sich. Anstatt dessen tritt Schrumpfung ein, als ob ein fremder Wille den Menschen drücken würde. Die Angst lähmt den eigenen Willen. Sobald ein Mensch will, hat er keine Angst, weil *dieser* Wille – nicht ein «ich möchte» – aus dem wahren Ich kommen muss, um die Angst zu überwinden.

Intermezzo anhand des ersten Johannes-Briefes:
Der grundlegende Satz im Hinblick auf die Angst ist im ersten Brief des Evangelisten Johannes (1. Joh. 4,18) zu finden:

«In der Liebe ist keine Furcht, sondern die vollkommene Liebe treibt die Furcht heraus, da die Furcht Verstümmelung[15] ist, und wer sich fürchtet, ist nicht vollkommen geworden in der Liebe.» Obwohl im Text *Furcht – phobos* steht, aber eine Furcht ohne Grund, geht es offensichtlich um die Angst.

In der *vollkommenen* Liebe ist keine Angst – diese wird als Verstümmelung charakterisiert, als ein Mangel oder Fehlen. Die Ausdrücke «Vollkommenheit» – *teleiótes*, «vollkommen» – *téleios*, «vollkommen werden» – *teleion*, «Ende» – *télos*, aber zugleich «Vollendung, Erfüllung, Höhepunkt, Weihe, Einweihung», beziehen sich im Zusammenhang des Satzes bei Johannes (1. Joh. 4,18 wie auch 2,5 und 4, 16–17) auf die *volle* Wirklichkeit des Menschen und der Welt. Erstere besteht nicht ohne das Prinzip der Weiterschöpfung an der Welt, Letztere besteht nicht bzw. ist nicht vollkommen ohne den weiterschaffenden Menschen. Denn in der kreatürlichen Welt vertritt allein der Mensch den lebendigen Logos. Daher ist im Römerbrief (8,19) zu lesen: «Denn die Sehnsucht der Kreatur wartet auf das Offenbarwerden der Söhne

Gottes.» Und weiter (8,22): «Denn wir wissen, dass alles Geschaffene insgesamt seufzt und sich schmerzlich ängstigt.»

Der Eingeweihte – der Vollkommene *(téleios)* – ist ein Mensch, in dem sich die ursprüngliche geistige Natur – das Anfangen-Können, die schöpferische Liebe, die Wahrheit als Unverborgenheit des Überbewussten – auf Erden darleben kann. Der Überfluss-Charakter wird unmittelbar nach der Bergpredigt dargestellt, wo nach den unerhörten Ermahnungen (Matth. 5, 39–47): «Denn so ihr liebet, die euch lieben, was werdet ihr für Lohn haben?» folgt (5,48): «Darum sollt ihr vollkommen sein ...» In der Schilderung der Geschichte vom reichen Jüngling wird in den Texten (Matth. 19, 16–22; Mark. 10, 17–31; Luk. 18, 18–30) gefragt, worin der Mangel, der Fehler des Jünglings besteht, und die Antwort lautet: «Willst du vollkommen sein ...». In der Apokalypse sagt das Logoswesen (21,6; 22,13): «Ich bin das Alpha und das Omega, der Anfang und die Vollendung.» Die Seinsform des Menschenideals beinhaltet ständiges Wachsen, Zunehmen und in diesem Sinne Un-Fertigkeit. Diese Art von Zunehmen, eine Schöpfung aus dem Nichts, ist der heutigen Wissenschaft fremd, denn ihr Blick ist auf das Geschaffene gerichtet, auf die Vergangenheit oder das Ergebnis des Schaffens, auf die Welt der Erhaltungsgesetze, der Energie und des Stoffes.

«Der Seele ist ein Logos eigen, der von sich aus zunimmt» (Heraklit). Das Zunehmen, das Wachsen durch Überflusskräfte kann aus mannigfaltigen Gründen verhindert werden. Die meisten der Gründe liegen im Menschen selbst. Wird aber das Zunehmen gedämmt, so ist dies mit dem Gefühl der Angst gleichbedeutend, dem Gegensatz des geistigen Ich-bin-Erlebnisses, das im Wachsen erfahren wird. Angst als Gefühl des «Ich-bin-nicht»: verleugnetes, mangelndes, vermindertes Wachsen. In diesem Sinne ist Angst «Verstümmelung».

(Ende des Intermezzos)

Um die irrationale Angst, die ohne äußere Ursachen auftritt, zu vermeiden, kann sich die Seele des Hasses und Ärgers bedienen. Sagt die Angst: «Ich bin nicht», so sprechen Hass und Ärger: «Ich hasse, also bin ich». Die verschmähte schöpferische Kraft wandelt sich in Hass um, in die Kraft, dem anderen Böses zu wollen. Hass ist Genuss, sonst würde er nicht gepflegt werden. Ist schöpferische Liebe die Quelle einer Schöpfung, die noch nicht ist, so ist Hass eine zerstörerische Kraft, die zerstört um des Zerstörens willen, auch ohne einen egoistischen, nutzbringenden Grund. Die Leidenschaftlichkeit des Hassens, des Zerstörens zeigt an, dass die darin wirkende Kraft nicht aus dem Alltagsbewusstsein stammt, sondern eine gefallene und verzerrte höhere Kraft ist.

Dem Hass nahe verwandt ist der Ärger, stark selbstempfindend und meistens in Hass ausartend.

Es ist auffallend, dass im Phänomen eines kollektiven Hasses diese Emotion auf kein konkretes Objekt, sondern eher auf eine Abstraktion gerichtet ist. Man kann eine Gruppe von Menschen hassen, ohne auch nur einen von dieser Gruppe zu kennen. Im Gegenteil, kennt man einen, so ist dieser die «Ausnahme». Wenn man das in Betracht zieht, taucht die Frage auf: Wen hasst man eigentlich?

Intermezzo anhand des Neuen Testaments:
Im Neuen Testament wird mehrfach über den Hass gesprochen, den die «Welt» gegen den Herrn und seine Jünger hat (Joh. 15, 18, 19, 25; 17,7; 1 Joh. 3,13). Der Grund dieses Hasses besteht darin, dass die «im Licht Wandelnden» jene, die «in der Finsternis» sind, daran erinnern, wie sie sein könnten und doch nicht sind. Sehe ich jemanden, der verwirklicht hat, was auch ich selber könnte, dann beginne ich mich in der Richtung zu wandeln, oder aber ich verwerfe diese Möglichkeit, und die Kraft der Verwirklichung dessen, was «im Licht Wandeln» genannt wurde, wird zur Kraft des Hasses auf den, der als Bild meiner eigenen Möglichkeiten vor meine Augen tritt. Zwar geschieht es heute kaum, dass ein Wesen

mit idealen Eigenschaften vor uns steht, dafür aber tragen wir unser Idealbild in uns. Das ist so zu verstehen: Die Möglichkeit, die Potentialität des Guten, aller menschlichen Fähigkeiten, wird dem Menschen, der Menschheit dadurch gestaltet und eingeprägt, dass Auserwählte diese Potentialitäten auf Erden darleben. Sie wirken nicht bloß als irdisch erfahrbare Vorbilder, sondern prägen durch ihr Anteilhaben an der Geistigkeit des Weltganzen auch der Bedeutungswelt – deren nicht-fertigem Teil – die entstandene innerseelische Konstitution ein. In diese Welt reicht jeder Mensch mit seinen überbewussten seelisch-geistigen Wesensgliedern hinein, und diese werden von dorther in die neue Potentialität hereingerufen. So trägt ein jeder Mensch in sich das ihm aktuelle Idealbild. Die freie, von Ich-Wesen gestaltete geistige Welt trägt in sich die Prägung aller menschlichen Größe, vor allem aber dessen, der den Logos auf Erden verkörpert hat. Dieses Bild ist das der schöpferischen Liebe, die den Überfluss in der menschlichen Welt erzeugen könnte, und dieser ist für das Leben und Zusammenleben unentbehrlich. Ein Auserwählter, wie Buddha zum Beispiel, verändert durch sein Wirken nicht nur das Leben auf Erden und vielleicht bloß in seiner beschränkten Umgebung, sondern er verändert den Himmel. Und durch den veränderten Himmel kann der neue Segen auch dort auf die Erde gelangen, wo das irdische Wirken nicht hinreichen konnte. Das Bild des Ideals, das wir in uns tragen, und die Fähigkeiten, dieses Ideal zu verwirklichen, sind ein und dasselbe. Die Fähigkeit wird uns durch das Bild eingeprägt.
(Ende des Intermezzos)

Meditation: «Wer da sagt, er sei im Licht, und hasst seinen Bruder, der ist noch in der Finsternis.» (1. Joh. 2,9)

17.
Vorläufige Zusammenfassung und Ergänzungen

Wenn der Intellekt versteht, ist er im Licht. Wenn er nicht versteht, gerät er in die Finsternis. Wenn er missversteht, gerinnt er in eine Form des Irrtums, der Illusion, in eine sinnlose, nichtsprechende Gestalt (zum Beispiel Nützlichkeit). Wenn das Fühlen im Verstehen lebt, wird es zur Urfreude. Wo es nicht versteht, beginnt der Schmerz. Wenn das Fühlen ins Missverstehen sinkt, entstehen Ersatzformen für die Urfreude: Genuss und Begierde danach, also Süchte. Diese sinnlosen, nicht-sprechenden Formen enthalten immer einen Willensanteil.

Die ursprüngliche Kraft des Willens fließt im heutigen Erwachsenen in der Richtung der schöpferischen Liebe. Wird diese Strömung durch irgendeinen Grund gehemmt, so entstehen in der Seele Furcht und Angst. Um die Pein zu vermeiden, werden diese leicht in Hass und Ärger umgewandelt. Die ursprüngliche schöpferische Willenskraft fließt auch in den sekundären menschlichen «Instinkt» und die Leidenschaften.

Wir kommen zu den drei Giften der buddhistischen Lehre: Illusion, Begierde, Ärger oder Hass, wenn wir die «Missverständnisse» der drei – nie voneinander getrennten – Seelenfunktionen betrachten, über sie reflektieren.

In der heutigen Seele geschieht fast immer ein Reflektieren, das aber meistens unbemerkt bleibt. Wenn ich sage oder denke: Ich denke, ich sehe, ich laufe oder ich bin – so sind diese Aussagen nur durch Reflektieren möglich. Hinter allem, was in erster Person steht, ist eine zurückgewendete Aufmerksamkeit, eben der reflektierende Blick zu finden.

Das Reflektieren setzt die Teilung der Aufmerksamkeit voraus und besteht gewöhnlich in einem schnellen Oszillieren zwischen zwei Objekten: dem, was die Aufmerksamkeit in der kurzen Hingabephase erfährt, und dem, was die Erfahrung in begrifflich-sprachliche Form bringt. Das Reflektierte ist deshalb immer Vergangenheit. Diese Vergangenheit lebt nicht, beeinflusst den Betrachtenden im Reflektieren nicht; er ist unabhängig von der Vergangenheit, schaut aus der Gegenwart auf sie.

Das Wahrnehmen, auch das innerseelische – Denken, Fühlen, Wollen – wird durch eine Gebärde zum Objekt, wenn sich die Aufmerksamkeit aus der augenblicklichen Identität herauslöst und die Erfahrung von innen her – durch ein Verstehen oder Missverstehen – bezeichnet. Wie schon erwähnt, ist der Beginn des Reflektierens frei, die erste Gebärde, der Ansatz ist leib- beziehungsweise hirnunabhängig. Das reflektierende Bewusstsein ist objektbezogen, es sichtet stets Objekte, die selbstverständlich durch ihre Form – sie muss nicht räumlich oder zeitlich sein – Objekte werden können. Dieses Bewusstsein wurde von Buddha Teil-Bewusstsein genannt. Es erfährt nur die Objekte, in die es sich hineinbegeben hat, nie sich selbst. Der verborgene Zeuge ist außerhalb des Teil-Bewusstseins anwesend, im Überbewussten.

Das Teil-Bewusstsein kommt durch die Bildung der Egoität, des Ego-Leibes, zustande. An diesen Kern lagert sich zunächst das an, was Ich-Leib oder Gedanken-Leib genannt wird.[16] Dieser besteht aus unseren Erinnerungsvorstellungen, aus dem, was wir denken: Das sind wir. Alle diese Bildungen und auch das, was sich an diese als unterbewusster Seelenteil anlagert, der aus sinnlosen Formen besteht, sind nur in einem Ich-Wesen möglich. Sie bilden sich im Laufe seines angeborenen Strebens, sich selbst zu begegnen und zu erfahren, aus der freien Aufmerksamkeit. In den angeführten Missverständnissen kann man verfrühte und deshalb missratene Versuche zu diesem Ziel sehen. Die Gesamtheit von Ego-Leib, Gedankenleib und weiteren unterbewussten Formen kann «Gewohnheitsleib» genannt werden.

Das Selbstempfinden ist ursprünglich das Empfinden der fühlenden Aufmerksamkeitskräfte, die in eine nicht-sprechende Form geraten sind. Es bildet sich in der Empfindungsseele, und zwar analog zum Empfindungsleib. Daher weitet sich die Selbstempfindung auf den physischen Leib aus. Man hat den Eindruck, der physische Leib wird empfunden. Das ist ein Irrtum, denn den empfindet man nur dann, wenn etwas nicht richtig funktioniert, und auch nur an betreffender Stelle. Das Selbstempfinden entsteht auf folgende Weise: Das Ich ergreift den Körper – im Sich-Aufrichten, Lächeln, Sprechen und so weiter – durch Kräfte, die aus dem lebenden und empfindsamen Organismus frei geworden sind. Indem das Ich sich dem Organismus «nähert», werden durch seine «induktive» Wirkung diese Kräfte frei. Diese Kräfte werden mit dem überbewussten Ich-Strom vereint, in einem halb bewussten, traumähnlichen Zustand. Das alles spielt sich im Bereich der Empfindungsseele ab. Daher erreichen körperliche Impulse, wie Hunger zum Beispiel, durch die unteren Sinne – Tast-, Lebens-, Gleichgewichts- und Bewegungssinn – das Ich, werden zu Ich-Erlebnissen, während sie anfänglich im Bereich des Empfindungsleibes geblieben sind. Das bedeutet eine Art Körperbewusstsein im Fühlen.

Durch die Bildung des Ego- und Gewohnheitsleibes im Gebiet der Empfindungsseele wird das Körpergefühl egoistisch gefärbt, als ob ein zweiter Empfindungsleib entstanden wäre, der aber größtenteils gegen die biologische Gesundheit wirkt, indem biologische Prozesse als Genussquellen verwendet werden. Zwar empfinden wir – als Erwachsene – die körperlichen Impulse, die Schmerzen oder Genüsse des Körpers als durch den Ego-Leib gefärbt und ebenso die körperunabhängigen Emotionen – Eifersucht, Neid und so weiter –, aber sie werden zu Ich-Erlebnissen und können teilweise durch die Hingabe der Aufmerksamkeit «vergessen» werden. Vor der Bildung des Ego-Leibes kann es kaum psychischen Schmerz für das Kleinkind geben. Der Ego- und Gewohnheitsleib wird aus den zuvor frei gewordenen Lebens- und Empfindungskräften gebildet.

Der Ego-Leib und alles, was sich an ihn angelagert hat, dient als Grund zu einem ersten, anfänglichen Ich-Bewusstsein und sichert die Selbständigkeit des Menschen, die wachsende Unabhängigkeit von den Impulsen, die ihn früher durch das Überbewusste erreicht, gelenkt und auch gezwungen haben. Da dieses Ich-Bewusstsein schwach ist, müssen die Gedanken und die Wahrnehmungen herabgedämpft werden, um seine Selbständigkeit zu sichern. Die Herablähmung kommt dadurch zustande, dass Denken und Wahrnehmen physikalische Prozesse im zentralen Nervensystem bewirken, wodurch der größte Teil ihrer geistigen Kraft verloren geht. Es bleiben von diesen Eindrücken gleichsam nur Leichen zurück, die das anfängliche Ich-Bewusstsein nicht beeinflussen oder zwingen können. Dieses Ich-Bewusstsein wacht ja nur auf, wenn die seelischen Funktionsprozesse (Denken, Fühlen, Wollen, Wahrnehmen) schon ihre Produkte (Gedanken, Gefühle, Gewolltes, Wahrgenommenes) hervorgebracht haben und Vergangenheit sind. Die Eindrücke – auch das Denken als intuitiver Vorgang – spiegeln sich am Gehirn: Das Spiegelbild ist keine Realität, und dem ist das Ich-Bewusstsein gewachsen. Insofern die Eindrücke auch ein Fühlen mittragen, wird dessen größter Teil in Selbstempfinden konvertiert und verliert auch dadurch seine impulsierende Kraft. So wird der menschlichen Freiheit, dem Anfangen-Können Platz bereitet. Für die freie Tätigkeit ist dieser Platz notwendig, aber auch das Subjekt, von dem sie ausgehen kann.

In dem gespiegelten Bewusstsein findet man zwei Arten von Bindungen. Die eine ist der allgemeine Hang der geteilten Aufmerksamkeit, an Objekten zu haften. Dadurch wird der zeugenden Aufmerksamkeit Gelegenheit gegeben zu erwachen, was aber nicht geschehen muss und durch die Abnahme ihrer Intensität, durch ihre wachsende Zerstreutheit immer seltener geschieht. Die andere und gefährlichere Bindung wird durch spezielle Formen der Sucht gebildet, wie Alkohol, Drogen und so weiter, durch die das gesunde Leben der Aufmerksamkeit noch weiter beeinträchtigt wird, weil fühlende und wollende Kräfte in diese

Leidenschaften involviert werden. Der autonome Wille des Alltags-Ich verliert sich in den sinnlosen, nicht-sprechenden Formen, wird zur Kraft des Haftens. In Suchtphänomenen wird der Wille ganz aus seiner gesunden, ursprünglichen Form herausgerenkt. Im Haften an der Objekt-Welt kann man einen missratenen Versuch zur Herstellung der verlorenen Einheit mit der Welt sehen.

Doch ist die Möglichkeit, den Willen als Kraft der Aufmerksamkeit zu verwenden, immer da. Diesen Willen aufzurufen ist die Aufgabe der Heilkunst, denn er ist identisch mit dem wahren Ich.

Meditation: Ich bin Wille.

Intermezzo anhand des Neuen Testaments:
Joh. 5, 2–9: «Es ist aber zu Jerusalem bei dem Schaftor ein Teich, der heißt auf hebräisch Bethesda und hat fünf Hallen, in welchen lagen viele Kranke, Blinde, Lahme, Verdorrte, die warteten, wann sich das Wasser bewegte. Denn ein Engel fuhr herab zu seiner Zeit in den Teich und bewegte das Wasser. Welcher nun zuerst, nachdem das Wasser bewegt war, hineinstieg, der ward gesund, mit welcherlei Seuche er behaftet war. Es war aber ein Mensch daselbst achtunddreißig Jahre lang krank gelegen. Da Jesus ihn liegen sah und vernahm, dass er so lange gelegen hatte, spricht er zu ihm: Willst du gesund werden? Der Kranke antwortete ihm: Herr, ich habe keinen Menschen, wenn das Wasser sich bewegt, der mich in den Teich lasse; und wenn ich komme, so steigt ein anderer vor mir hinein. Jesus spricht zu ihm: Stehe auf, nimm dein Bett und gehe hin! Und alsbald ward der Mensch gesund und nahm sein Bett und ging hin.»

Die Erkrankung des Leibes oder der Seele bedeutet im Allgemeinen, dass das Ich – es kann nur um das wahre Ich gehen, das Alltags-Ich hat keine Macht über das biologische Leben – den Leib oder die Seele nicht beherrscht, diese haben sich von ihm losgelöst, sich verselbständigt. Der Wille, der heilen könnte, müsste seine Quelle außerhalb des Leibes haben. Ursprung aller Erkrankungen ist, dass das Ich teilweise in den Leib sinkt, das heißt nicht mehr unabhängig vom Leib ist. Das Seelische – das «Eigenleben des Geistes» – kommt durch diesen, mit diesem Vorgang zustande, und es ist lediglich der Ego-Leib, der die leibliche Erkrankung hervorruft.

Jegliche Erkrankung kann übersetzt werden in den Satz: «Ich will nicht.» Wenn ich nicht will, bin ich schon krank. Wenn der Kranke zum Teich gehen könnte, brauchte er gar nicht mehr ins Wasser zu steigen. Der Wille ist lahm, und wenn er lahm ist, kann es keinen «Anderen» geben, der dem Kranken ins heilende Wasser hilft. Das leibunabhängige Ich – in der Episode durch den Herrn vertreten – kann den Leib heilen. Die Schritte des Willens kann man in der Geschichte des Kranken beobachten. Erst versteht er die Frage des Herrn offensichtlich nicht: Der fragt nach dem tiefen Willen, nicht nach einem «Mögen» oder einem Wunsch. Dann wird durch den Herrn der wahre, tiefe Wille wachgerufen. Der Kranke muss auf seine achtunddreißig Jahre lang gepflegte Gewohnheit verzichten. Letztlich heißt das, er soll das Werkzeug dieser Gewohnheit, das Bett, mitnehmen – nichts soll von der Vergangenheit zurückbleiben. Die erste Antwort auf die Frage des Herrn kommt nicht von dem, der dann aufsteht, sein Bett nimmt und geht: Der Letztere ist das wahre Ich. Wenn wir uns in der Meditation fragen: «Willst du gesund werden?», so kommt die Frage von dem, der auch den Willen haben könnte, heil zu werden. Sind wir aber aufrichtig uns selber gegenüber, so lautet die Antwort anfänglich: «Nein.»
(Ende des Intermezzos)

Meditation: «Willst du gesund werden?»

Wir kennen fünf Arten des Willens. Es gibt den rein überbewussten, wie er sich in den Bewegungen der Sprachorgane zeigt oder in der künstlerischen Tätigkeit der zu Sprachorganen erzogenen

Körperteile (Hände, Finger und so weiter). Zweitens finden wir den Willen, der seine Intelligenz verloren hat und durch Vorstellungen und Gedanken geführt werden muss; diese zeichnen vor, was zu tun ist. Dieser Wille kann dem Egoismus dienen oder auch nicht-egoistischen Zielsetzungen. Der dritten Willensart begegnet man selten: In den Augenblicken der Geistesgegenwart geschieht es, dass der Wille seine Intelligenz für diese Momente gleichsam zurückgewinnt und der Mensch ohne nachzudenken auf die beste, meistens einzig mögliche Art handelt. Der vierte Willenstyp ist die verlorene, in einer Sucht gefangene Kraft, während die fünfte Art in Reflexbewegungen zu sehen ist, die im Empfindungsleib ihren Ursprung haben.

In bewusster Weise den Willen direkt ansetzen kann der Mensch nur im Denken. Dieser Wille ist überbewusst, deswegen improvisierend, das heißt, man kann nicht im Voraus wissen, was man denken wird, sonst hätte man es schon gedacht. Dieser überbewusste Wille aber kann durch das Alltagsbewusstsein in Gang gesetzt werden: das eingeschränkte Ich-Bewusstsein kann die Verbindung mit der eigenen überbewussten Quelle suchen und finden. Auch in den Bewusstseinsübungen geht der Mensch von diesem Ich-Bewusstsein und von diesem alltäglichen Willen aus.

Das Alltagsbewusstsein und damit auch das Ich-Bewusstsein wird in jedem Schlaf unterbrochen und auch in jeder Tagträumerei. Die Frage, wie dennoch die Kontinuität der Erinnerung bewahrt wird, kann nur durch den Hinweis auf den verborgenen Zeugen beantwortet werden, der in der überbewussten freien Aufmerksamkeit anwesend ist. Diese Aufmerksamkeit überbrückt die Lücken der bewussten Erinnerung und sichert die Einheitlichkeit der Alltagspersönlichkeit. Das wirft ein helles Licht auf das überbewusste Wesen aller Erinnerungstätigkeit, die mit bewusster Absicht geschieht. Die überbewusste Aufmerksamkeit kennt die Namen, die zu erinnern wir uns bemühen, und daher können wir sie finden oder wiedererkennen beziehungsweise die nicht entsprechenden Namensangebote und -versuche dezidiert zurückweisen.[17]

Während das Mich-Empfinden als eine Quelle des Ich-Bewusstseins in der Hingabe vergessen werden kann, ist die Selbstheit im Überbewussten immer sicher bewahrt. Der Schatten dieser Sicherheit ist im Alltagsbewusstsein fühlbar.

So wie im Denken, kann der Wille direkt auch in den künstlerischen Tätigkeiten verwendet werden. Er wird in diesen Fällen nicht im Denken, sondern in der Ausführung der Tätigkeit durch einen Körperteil wirken und durch das ästhetische Fühlen geführt.

18.

Die sinnlosen Formen

Wir brauchen die sinnvollen Formen, um die formfreien Kräfte zu entwickeln. Die Aufmerksamkeit ist an sich formfrei, aber überbewusst. In den Formen kann oder könnte sie sich entdecken. Die der freien Aufmerksamkeit innewohnende Tendenz aufzuwachen lässt sie nach Formen suchen, in die sie sich hineinbegibt und aus denen sie wieder frei hervorgeht. Weil sie auf Sinn gestimmt ist, kann sie im Prinzip alles, was Sinn hat, verstehen, das heißt die Formen des Sinnvollen annehmen. Jede Form, jedes Etwas, jede Artikulation ist ein Kompromiss der formfreien Wesenheit, damit das Selbst zustande kommen kann. Die Artikulation der Logoskraft bringt die Schöpfung(en) hervor. Die Verzerrung der Artikulation durch logosfremde, logosfeindliche Kräfte bringt im Menschen, durch den Menschen die Dinge hervor, die nicht verständlich sind, nicht sprechen, weil sie keinen Sinn haben und nicht um Sinn darzustellen entstanden sind.

Meditation: Die Aufmerksamkeit sucht sich selbst.

Die Aufmerksamkeit sucht sich selbst, deshalb findet sie Objekte, ist begierig auf Objekte. Durch die Teilung der Aufmerksamkeit entsteht Zweiheit in der Welt, und diese hat die Mission, die Begegnung der Aufmerksamkeit mit sich selbst zu ermöglichen. Eine einheitliche Aufmerksamkeit kann sich nicht begegnen, was zur Selbsterfahrung *anfänglich* notwendig ist, und kann somit nicht aufwachen. Bliebe die Aufmerksamkeit stets formfrei, so könnte sie ihrer selbst nie gewahr und so zum Selbst werden: keine Selbsterkenntnis, da kein Selbst und keiner, der es erkennen könnte. Nur das Selbst kann das Selbst erkennen. Die Möglichkeit zum Selbst wird durch das Ein- und Ausgehen der Aufmerksamkeit in sinnvolle Formen gegeben, wodurch die Dualität zum Leben kommt, auch potentiell zum Selbsterleben.

Die sinnlosen Formen kommen in der Seele und in der Welt durch Missverstehen zustande. Das allererste Missverstehen im Leben des Einzelnen und der Menschheit ist die Bildung des Ego-Leibes aus der größtenteils fühlenden Aufmerksamkeit. Dieses ist auch das erste Objekt für die frei gebliebene Aufmerksamkeit. Es ist die Egoität, die sich in Formen ergeht, sie empfindet sich an den Objekten und missversteht sich, insofern sie sich für das Subjekt der Objekterfahrung hält. In Wirklichkeit ist sie auch Objekt für die freie, überbewusste Aufmerksamkeit. Dieses zweite Missverständnis – das erste ist die Bildung des Ego-Leibes selbst – führt zu weiteren sinnlosen Formen, die natürlich auch aus Aufmerksamkeit geschaffen werden. Die grundsätzliche Sinnlosigkeit ist das *Haften* an – sinnlosen – Formen, die inhaltlich von sekundärer Bedeutung sind. Der Wille verliert sich im Sinnlosen, Nicht-Sprechenden und wird zum Haften an solchen Formen. Das Haften an den Objekten der Welt, die Objektsucht, ist ein missverstandener, misslungener Versuch, die Einheit Welt – Mensch herzustellen. Die sinnlosen, von Menschen geschaffenen nützlichen Dinge in der Welt kommen sämtlich durch die Egoität zustande, wie schon vorangehend der Begriff «nützlich».

Die sinnlosen inneren Formen sind aus Aufmerksamkeit, sie werden um irgendeines Nutzens willen von ihr gebildet, zum Beispiel weil die Selbstempfindung an sinnlosen Formen größer ist als an sinnvollen. Statt sie zu verstehen, empfindet man das Sinnlose und dabei auch sich. Die inneren Formen sind auch *dinghaft*, das heißt nicht-sprechend. Das Selbstempfinden sucht Selbstempfinden, ungeachtet der Bedeutung. Die Egoität und alle sinnlosen

Formen in der Seele haben den erkennenden, freien Charakter der Aufmerksamkeit, aus der sie bestehen, eingebüßt.

Wird Sinnvolles nicht verstanden und es entsteht ein Missverständnis, dann tritt Empfindung und zugleich Selbstempfindung auf. Die freie Aufmerksamkeit kann sich, wenn sie einmal in sinnlosen Formen gefangen wird, nicht befreien. Sie wird durch den «Nutzen» in der Form gehalten, durch den sie zu der Formbildung verlockt wurde. Die sinnlosen Formen verweben sich zu einem Lebenssystem – ein weiteres Hindernis für die Befreiung. Außerdem verliert die gefangene Aufmerksamkeit ihren Zusammenhang mit der flüssigen, beweglichen Ich-Natur der freien Aufmerksamkeit – eine zusätzliche Schwierigkeit.

Die sinnlosen Formen, größtenteils aus mitwirkenden fühlenden Aufmerksamkeitskräften gebaut, werden nicht durch intellektuelles Verstehen (durch die Gehirnprozesse) herabgelähmt, sie leben deshalb in der Gegenwärtigkeit und sind nicht Bestandteile der Vergangenheit, obwohl sie in der Vergangenheit entstanden sind, wo man sie oft als Traumata sucht.

Das absichtliche Erinnern arbeitet durch die Wiederholung der inneren Gebärden, die bei dem Entstehen der erinnerten Erfahrung gemacht wurden. Es kann aus verschiedenen, zum Teil gehirnphysiologischen Gründen keine Rede von einer «Lagerung» von Erinnerungen in irgendwelcher kodierten Form sein. Die sinnlosen Formen aber sind «aufbewahrt», bleiben und leben mit uns. Weil sie nicht von dem verborgenen Zeugen begleitet entstanden, also reine astralische Formen sind, sind sie einerseits unterbewusst, andererseits wie von außen, außerhalb des Alltagsbewusstseins wirksam.

Weil diese Gebilde sinnlos sind, hat es keinen Sinn, ihnen einen Sinn zuzusprechen. Dadurch verdeckt man ihren eigentlichen Charakter. Der Umgang mit ihnen wird im 23. Kapitel behandelt.

Es gibt natürlich Geschehnisse, die die Bildung sinnloser Formen fördern oder bewirken. Diese können mit Recht Traumata genannt werden. Alles, was die Aufmerksamkeit in nicht-verständliche, sinnlose Formen zwingt, ist Trauma. Im Erwachsenenalter ist solches Geschehen relativ leicht zu verfolgen. Im Kindesalter, wo der Mensch nicht selbstbewusst lebt, sind die entsprechenden Prozesse schwerer zu verstehen und zu beschreiben. Man kann sich solchen Vorgang auf folgende Weise vorstellen.

Die Aufmerksamkeit ist von Anfang an positiv gestimmt, auf Bedeutung, Sinn, auf das Wahre, Schöne, Gute, auf Verstehen, Maß, Rechtzeitigkeit, Selektivität, auf Gliederung und Synthese, auf Selbsterfahren. Diese Gestimmtheit der Ich-Substanz bildet einen *offenen Organismus*, eine lebendige Einheit. Das traumatische Geschehen ist sinnlos, ist kein Glied der Logoswelt, und es verletzt den offenen Organismus, schneidet Teile aus ihm heraus, und diese bilden, als Antwort auf das traumatische Geschehen, sinnlose *Ausweichformen* als sinnlose Antwort auf sinnlosen Reiz. Dadurch werden aus dem Ich-Organismus Teile abgespalten, die früher oder später mit dem Ego-Leib verwachsen und eine selbständige Seelenwesenheit bilden, das Unterbewusste, ein Konglomerat aus vielen einzelnen Formen, die aber doch eine Einheit, das Negative der wahren Individualität darstellen, das, was dem Menschen *fehlt* – ein Gegensatz zur Charis-Idee. Der Mangel an überfließender Schaffenskraft erinnert an die Geschichte vom reichen Jüngling. Entweder fragt der Jüngling: «Was fehlt mir?» (Matth. 19,21), oder der Herr sagt ihm: «Eines fehlt dir; gehe hin, verkaufe alles, was du hast, und gib es den Armen.» (Mark. 10,21; Luk. 18,22) Was ihm «fehlt», liegt in dem Haften an seinem Reichtum begründet, ist das Fehlen des Schenkens: eine unterbewusste Form, anscheinend die einzige in diesem Fall, aber der Herr sieht sie. Die Schwierigkeit oder das Hindernis besteht nicht darin, dass er reich ist, sondern dass er an dem Reichtum haftet.

Die freie Aufmerksamkeit ist durchsichtig, ihr Objekt wird von ihr wahrgenommen, im Objekt nimmt sie sich wahr, als das Objekt.

Meditation: Die Aufmerksamkeit nimmt sich im Objekt wahr.

Wenn sie sich zu färben und trüb zu werden beginnt, so werden die Objekte «subjektiv» erfahren, sie ziehen die Farbe an: Man denkt von Wünschen geleitet, man sieht «parteiisch» und so weiter. Bildet sich aus der Trübung eine selbständige sinnlose Form in der Aufmerksamkeit, so wird dadurch die freie Aufmerksamkeit vermindert – Zerstreutheit tritt auf. Werden die sinnlosen Formen zahlreich, so beeinflussen sie immer mehr das Bewusstsein, das Leben. Das kann so weit gehen, dass der Mensch seinen Aufgaben, seiner Arbeit, seinen Pflichten nicht mehr nachkommt. Das sinnvolle, erkennende, kommunikative, schöpferische Leben nimmt ab und lässt Raum für irrationale Emotionalität. Wenn die Durchsichtigkeit des Denkens durch einen «Fehler» oder ein Missverständnis verloren geht, so wird das ganze Denken gefährdet. Wenn die Transparenz der Aufmerksamkeit an einem Punkt getrübt wird, kommt die ganze Persönlichkeit in Gefahr.

Meditation: Transparenz ist Selbstlosigkeit.

19.
Das wahre Selbst

Die gesunde, erkennende und kommunikative Aufmerksamkeit ist formfrei. Daher ist sie imstande, alle Formen anzunehmen und sie wieder abzulegen. Die Formen haben für die freie Aufmerksamkeit eine pädagogische Funktion: Sie unterrichten sie, sich in einem Stil, im Sinne des Logos zu bewegen. Die intuitive Aufmerksamkeit ist empfangend, das heißt formfrei.

Das Aufwachen der Aufmerksamkeit oder das Zustandekommen der Selbstbewusstheit ist immer ein Sich-Begegnen, Sich-Erfahren der Aufmerksamkeit. Die unterste Stufe solchen Selbstbewusstseins wurde als das erste Objekt und sein Objektbewusstsein charakterisiert, indem ein Teil der Aufmerksamkeit in eine Form – den Ego-Leib – gerinnt und der freie Teil dieses Gebilde als Form und Objekt erfährt. Auch in diesem Fall trifft Aufmerksamkeit auf Aufmerksamkeit, daher das vorläufige Ich-Bewusstsein. Die Frage nach anderen Aufwacherlebnissen kann entstehen.

Die ursprüngliche Aufmerksamkeit ist auf Sinn und Bedeutung gestimmte Empfindlichkeit auf dem Gebiet der drei Seelenfunktionen. Das Unterbewusste besteht aus Formen, im Gegensatz zum Überbewussten, das nur Fähigkeiten enthält, die alle in sich formfrei sind.

Das erste Ich-Bewusstsein bezieht sich auf Formen. Man hat ein Bild von sich, seine Erinnerungen, Gewohnheiten betrachtet man als sich selbst. Das ist *seelisches* Ich-Bewusstsein; geistig wird es, wenn die formfreie Aufmerksamkeit, die sich mit jeder Form identifizieren kann, sich selbst begegnet. Solange Geformtheiten die Grundlage des Ich-Bewusstseins bilden, ist dieses «Ich» im Akkusativ, das heißt Objekt einer freien, verborgenen, da nicht aufgewachten Aufmerksamkeit.

Wirkliche Subjekt-Erfahrung ist nur in der freien, formfreien Aufmerksamkeit möglich, ansonsten wacht das Subjekt an seinem Objekt auf, das heißt, es wacht nicht als ein Selbst auf, denn Subjekt und Objekt fallen nicht zusammen. Sofern etwas Objekt ist, gehört es zur Vergangenheit, es ist schon da, wenn es bemerkt wird, sein Erscheinen wird nicht erlebt. Wir blicken immer auf die Vergangenheit unseres Bewusstseins, dessen Gegenwart zunächst verborgen, das heißt überbewusst ist.

Die Aufmerksamkeit selbst zu erfahren wäre jedoch nur in der Gegenwärtigkeit möglich, in der sie sich gerade in ein Objekt verwandelt. Es gibt – meistens unbeachtete und unbeobachtete – Augenblicke im Leben des Bewusstseins, in denen die Gegenwart berührt wird, zum Beispiel die so genannte Geistesgegenwart. Diese Augenblicke in den Übergängen der Aufmerksamkeit von einem Inhalt zu einem anderen sind kurz – weshalb sie der Beachtung entgehen. Im «Inzwischen» kehrt sie aus einer Form in den formfreien flüssigen Zustand zurück. Zwischen zwei Wörtern, zwei Sätzen, zwei Wahrnehmungen wird die Aufmerksamkeit formfrei. Das ist der Augenblick, in dem sie nach dem Buddhismus den Zustand der Leere, das Buddha-Bewusstsein oder die Ungeborenheit erreicht. Ebenso ist die empfangende Aufmerksamkeit *leer*, meistens auch nur für Augenblicke – dann wird sie von den neuen Ideen erfüllt.

Ein Ding ist zugleich der Beweis für die Existenz der formfreien Aufmerksamkeit, durch die es gesehen oder erfahren wird. Weil wir Aufmerksamkeit oder Bewusstheit *sind*, werden wir zu alledem, was die Aufmerksamkeit wird: Töne, Farben, Formen, Tastempfindungen, Ideen, Erinnerungen, Fantasien.

Eine Form ist die Form des Geistes, der Aufmerksamkeit, die die Form erfährt. Wahrnehmen oder Denken ist Identität; da sie nur kurz währt, bleibt sie unbemerkt, wird zur Vergangenheit, zur Andersheit. Alle Objekte der Aufmerksamkeit sind Andersheiten.

Im 4. Kapitel wurde gezeigt, dass die Aufmerksamkeit die «Substanz» des Ich ist, aber diese Substanz ist nicht zu beobachten, weil sie transparent, selbstlos und überbewusst ist. Das Denken ist für sich durchsichtig: Was man denkt, versteht man. Diese Durchsichtigkeit ist das Zeichen des höheren Ich: Im Augenblick des Verstehens ist dieses Ich identisch mit dem Verstandenen, das später zum Objekt und zur Vergangenheit wird. Die nicht-geformte Aufmerksamkeit ist das wahre Ich oder kann es sein, wenn es zum Selbst aufwacht, das heißt selbstbewusst wird.

Das Aufwachen oder Seiner-selbst-bewusst-Werden oder Zum-Selbst-Werden kann sich nur in der Gegenwärtigkeit vollziehen, in der Vergangenheit geschieht nichts, sie ist das Ergebnis des Gegenwärtigen. Die Aufmerksamkeit kann nicht zum Objekt werden, da sie auch nicht Vergangenheit werden kann: *Sie ist nur jetzt* – wie es Bodhidarma sagt.

Meditation: Nur die Aufmerksamkeit kann sich begegnen oder erfahren.

Alles Andere wird durch sie, von ihr erfahren. Dieses Selbstbegegnen würde die Bildung des wahren Selbstes sein, eine Erfahrung, die kein Objekt hat, nicht auf das Andere gerichtet ist – eine Erfahrung des Nicht-Anderen, in der Erfahrender, Erfahrenes und Erfahren eins werden.

Meditation: Objekt ist Vergangenheit, Selbst ist Gegenwärtigkeit.

20.
Die Leerheit

Die Fähigkeiten, die Bedeutungen, die Aufmerksamkeit als grundlegende Fähigkeit und das Ich gehören alle zur selben Welt der Stofflosigkeit, Raumlosigkeit, Zeitlosigkeit. Im Menschenwesen sind sie zunächst Elemente des Überbewussten und aus diesem Grunde nicht direkt erfahrbar; daher schreibt das Empfinden ihnen keine Realität zu, wie sie es im Hinblick auf die raum-zeitliche Welt und ihre Dinge tut. Die Objektwelt empfinden wir als wirklich, mit Hilfe von Kräften, durch Fähigkeiten, die wir nicht oder nicht in gleichem Maße für Wirklichkeiten halten. Wir haften an den Zeichen, die immer eine stoffliche Trägersubstanz haben und dadurch zur raum-zeitlichen Welt gehören. Im Augenblick des Verstehens treffen sich Zeit und Ewigkeit, das heißt Zeitlosigkeit. Im Augenblick des Verstehens wechselt die Aufmerksamkeit aus einer Form in eine andere, und inzwischen wird sie im Übergang formfrei oder leer.

Die Formfreiheit oder Leerheit kann auch auf andere Weise geahnt oder vorausgesetzt werden. Das Alltagsbewusstsein ist unterscheidend, und durch Unterscheiden kommen Formen, Objekte zustande. Die Kraft, durch die Unterscheidungen oder Unterschiede entstehen, ist selber formfrei, das heißt ununterschieden – die Unterschiede entstehen ja durch sie –, also kann sie leer genannt werden. In den Augenblicken des Überganges von einem zum anderen Inhalt, von einer zur anderen Form blitzt für einen Augenblick die Leerheit der Aufmerksamkeit auf. In der Intuition, in der Meditation wird das Ich, die Ich-Substanz formfrei, leer, empfangend: zur Buddha-Natur.

Die Zeichenwelt, die raum-zeitliche und stoffliche Welt erreichen das menschliche Bewusstsein oder sie entstehen als Bild in ihm, indem die Aufmerksamkeit oder die Bewusstheit (awareness) die entsprechenden Formen annimmt und sie im Nachhinein als Objekte betrachtet. Ist die Aufmerksamkeit «leer», das heißt formfrei – das muss sie sein, um Formen annehmen zu können –, so ist die Welt, sind die Dinge, die in der Bewusstheit erscheinen, ebenfalls leer, weil sie aus der formfreien Aufmerksamkeit entstehen. Das ist die Lehre der tiefsten Zen-Meister. Bewusstheit (awareness) ist eben die Fähigkeit, sich aller Inhalte bewusst zu werden.

Der Wahrheit entsprechend muss man sagen: Die Leerheit, die Aufmerksamkeit ist wirklicher als die Objekte, zu denen sie wird. Das ist wieder die Lehre der Zen-Meister: Die Leerheit ist das Wesen der «Welt», die einzige Realität.

Diese Formfreiheit macht das Verstehen jeglicher Bedeutung möglich. Die Formfreiheit oder Leere ist keine Erfahrung des Alltagsbewusstseins, das seinem Wesen nach das Bewusstsein der Objekte, der Formen, der Unterschiede, der Grenzen ist. Wird die Leerheit der Bewusstheit einmal erfahren, so werden alle ihre Objekte, auch die nicht-sprechenden, bedeutungsfreien Formen, selbst die «Gifte» – Illusion oder Irrtum, Begierde oder Genuss, Ärger oder Hass – als aus Leerheit bestehend erkannt. So lebt ein Bodhisattva gleichzeitig in zwei Welten: Er sieht die Bedeutung jeglicher Zeichen, die in der räumlich-zeitlichen Welt erscheinen, in der Welt der raumlosen Ewigkeit, das heißt in der Bedeutungswelt, und kennt so die Zusammenhänge der beiden Welten. In punktueller Gestalt begegnen wir diesem gleichzeitigen Leben auch beim Phänomen des *Lesens* wahrnehmbarer Zeichen, wenn wir deren Bedeutung erkennen, sie dem Gegebenen hinzufügen und es so zur vollen Wirklichkeit erhöhen.

Wenn das Wahrnehmen nicht *sich* selbst erfährt, sondern nur seine Objekte, indem es den Wahrnehmenden «vergisst», weil er noch überbewusst bleibt, dann wird das Wahrgenommene «außen» als Andersheit gesichtet. Wenn wir lesen, lassen wir das

Gelesene, die Bedeutung *nicht* außen. Beim Lesen nehmen wir die Zeichen wahr, sie sind zunächst als Objekte gegeben; wenn wir zur Bedeutung gelangen, im Schreiten von Bedeutung zu Bedeutung – im Verstehen –, wird das wahre, überbewusste Ich zur Bedeutung. Deshalb bleibt das Gelesene, die Bedeutung nicht «außen». Es wird veräußerlicht, zum Objekt, wenn der Lesende seine Aufmerksamkeit sich in die nächste Bedeutung hineinverwandeln lässt, und zugleich wird das schon Gelesene Vergangenheit. Zwischen zwei Bedeutungen kehrt die Aufmerksamkeit in die Leere zurück.

Die empfangende, leere Aufmerksamkeit ist für den modernen Menschen nicht auf direkte Weise, durch den alltäglichen Willen herzustellen. Die entsprechende Schulung der Aufmerksamkeit hat zum Ziel, die empfangende Aufmerksamkeit durch ihre grenzenlose Konzentration mit Hilfe spezieller Themen – Meditationsthemen – herzustellen.

Meditation: Intensivierte Aufmerksamkeit erfährt, wie sie zu Formen wird – und zugleich sich selbst.

21.
Das Schicksal der Aufmerksamkeit

Die Aufmerksamkeit des Kleinkindes ist ganz leer, empfangend und reicht durch den Willens- und Gefühlsanteil weit in seine Umgebung. Es ist eine umfassende, himmlische Intelligenz, bereit, dereinst jegliche Sprache als Muttersprache anzunehmen – das heißt, die ursprüngliche Geistigkeit ist größer, mächtiger als die spätere, die durch die Muttersprache eingeschränkt wird. Aber diese größere und mächtigere Intelligenz muss das Artikulieren nach irdischer Art «erlernen», und deshalb bedarf es der Sprachen. Ein großer Teil bleibt nichtsdestoweniger im Himmel, überbewusst, ein anderer Teil ergreift durch seinen Willensanteil die Sprachorgane, die ja durch diesen überbewussten intelligenten Willen gelenkt werden, nicht durch das Alltagsbewusstsein. Vorangehend lernt das geistige Wesen des Menschen, den Körper zu ergreifen im Blickkontakt, im Lächeln, Sich-Aufrichten und so weiter. Das Sprechen bildet das Grenzgebiet, wo sich das Bewusste des Sprechinhaltes mit dem Überbewussten in der Bewegung der Sprachorgane begegnet. Der Inhalt kann auch durch Intuition aus dem überbewussten Teil der Aufmerksamkeit kommen.

Intelligenz auf jeder Ebene besteht aus einer freien, formfreien Fähigkeit, die sich nach einschränkenden Gesetzen zu artikulieren gelernt hat.

In den ersten Jahren des irdischen Lebens bildet sich der Ego-Leib, und darauf lagert sich das Unterbewusste, das aus fest geformter, nicht mehr freier Aufmerksamkeit besteht. Besonders die fühlende-wollende Aufmerksamkeit wird im Unterbewussten gefangen genommen. Ein dritter Teil der Aufmerksamkeit ist halbwegs gefangen, man könnte ihn attrahierte (angezogene) Aufmerksamkeit nennen. Diese Aufmerksamkeit ist an gewisse Themen oder Gebiete gebunden, in denen sie sich frei bewegt, kann aber außerhalb dieser Gebiete kaum verwendet werden – berufliche oder Hobby-Aufmerksamkeit.

Je mächtiger das Unterbewusste ist, desto mehr wird auch die freie Aufmerksamkeit davon betroffen, sie wird mehr und mehr zerstreut. Das zeigt sich darin, dass sie nur kurz bei einem nicht anziehenden Thema verweilen kann.

Die freie Aufmerksamkeit kann auf zweifache Art funktionieren. Größtenteils arbeitet sie *intentional*, das heißt, sie richtet sich auf ein im Voraus gewähltes Thema oder Objekt. Eigentlich kommt die Aufmerksamkeit gar nicht anders in Bewegung als im Hinblick auf ein Objekt – das kann auch ein Gedanke oder ein anderes Bewusstseinserlebnis sein.

Wenn die Aufgabe darin besteht, ein Problem zu lösen oder etwas Neues zu verstehen, eine Intuition zu erlangen, dann ist das rein mit intentionaler Aufmerksamkeit kaum zu vollziehen. Für einen Augenblick muss dazu die intentionale Aufmerksamkeit, das heißt das Thema oder Objekt losgelassen werden, um frei oder leer zu sein für etwas Neues, Unvorhergesehenes, eben das, was man sucht. Intuitionen sind nicht abrufbar, der gewöhnliche Wille kann sie nicht erreichen (sonst wären sie immer zur Verfügung), weil man das leere Bewusstsein oder die leere Aufmerksamkeit durch bewussten Willen nicht herstellen kann. Man kann sie aber vorbereiten. Was da als Intuition «kommt», kommt durch den überbewusst frei gebliebenen Teil der Aufmerksamkeit, man könnte sagen, in Resonanz mit der bewusst gesuchten Lösung, die die Richtung des Kommenden mehr oder weniger bestimmt, aber eben nur helfende Funktion hat: Die Lösung selbst entsteht durch einen überbewussten Prozess, von dem man meistens allein das Ergebnis bewusst erlebt.

Die Bewusstheit arbeitet als der freie Teil der Aufmerksamkeit, der im Denken erkennend geblieben ist, muss sich aber, um *bewusst* werden zu können, am zentralen Nervensystem «spiegeln». Das ist deswegen notwendig, weil das alltägliche Ich-Bewusstsein ein Objektbewusstsein ist, in dem die freie Aufmerksamkeit den Ego-Leib und den Ich-Leib als Objekt hat, als Mich erfährt. Zugleich ist *dieses* Ich-Bewusstsein, da Objekt, ein Vergangenheitsbewusstsein. Als solches kann es Gegenwärtiges, Lebendiges, Zeichenloses nicht erfassen, dazu müsste es dieselben Qualitäten besitzen. Daher müssen sich die Gedanken, Wahrnehmungen, Vorstellungen herablähmen, sterben, zu Vergangenheit werden, indem sie im Gehirn physikalisch-chemisch-elektrische Prozesse anfachen, und darin erschöpft sich ihre ursprüngliche Lebendigkeit.

Jedes (neue) Verstehen ist ein momentanes Unabhängigwerden des Bewusstseins von Gehirnprozessen, wie auch jede Intuition. Erkenntnisse können nur auf der Ebene entstehen, auf der sich das Ich-Bewusstsein befindet, und in der Qualität, die es hat.

Man kann beobachten, dass auch ein Denken, das eine Lösung sucht, überbewusst geführt wird, es bewegt sich nicht ziellos, sein Weg führt in die Nähe der unbekannten Lösung, als Vorbereitung des intuitiven Augenblickes, in dem die Lösung in die leer gewordene Aufmerksamkeit findet.

Die leere oder empfangende Aufmerksamkeit ist beim Kleinkind immer und beim Erwachsenen meistens auch als «umgekehrter Wille» zu bezeichnen.[18] Das ist der ursprüngliche Wille im Menschen, er enthält noch wie im aufgelösten Zustand Fühlen und Denken und geht nicht vom Menschen aus, sondern *erwartet* den Willen von außen, durch den er sich prägen, formen lässt, sich an den von außen kommenden anpasst. Im Kleinkind lässt sich dieser Wille von der Außenwelt prägen, und diese Erscheinung wird gewöhnlich als ein Nachahmen des Kindes aufgefasst – es ist keineswegs bewusste Nachahmung, sondern ein Sich-prägen-Lassen. «Dein Wille geschehe» – den umgekehrten Willen gebraucht der

Erwachsene für einen Augenblick in jeder Sinneswahrnehmung, in jeder Intuition.

Wenn das Fühlen, welches das Denken in sich trägt, sich im Laufe der ersten Jahre von dem Willen abtrennt, verliert der Wille seinen intelligenten, erkennenden Charakter und muss gewöhnlich durch eine Vorstellung oder einen Gedanken geführt werden; diese weisen ihm die Richtung, in der er tätig werden soll.

Das Fühlen verliert seine erkennende Qualität, wenn das Denken sich von ihm trennt: Dann wird das Fühlen größtenteils zu Emotionen. Diese sind im Grunde genommen Wahrnehmungen besonderer Art für die freie Aufmerksamkeit. Ihre Besonderheit besteht darin, dass sie durch ihre Intensität den Zeugen in der Aufmerksamkeit überwältigen können oder – in einer milderen Form – die Aufmerksamkeit an sich fesseln, sodass sie sich von ihnen nicht abwenden kann.

Auch das Denken wird in seiner Gegenwärtigkeit durch das gewöhnliche Ich-Bewusstsein nicht bewusst erlebt, bleibt überbewusst. Erst das Gedachte fällt ins Bewusstsein. Doch kann man die Reste der ursprünglichen Seelenfähigkeiten im Alltagsbewusstsein ausfindig machen. Der intelligente Wille lebt im Bereich des Sprechens. Das erkennende Fühlen zeigt sich im Logizitätsgefühl, im Wahrheitsgefühl und so weiter. Das gegenwärtige Denken, noch wortlos, schwebt an der Grenze der Bewusstheit und des Überbewussten, es befähigt den Menschen, die entsprechenden Worte und die Grammatik zu seinem Ausdruck zu finden. Das ist der Sinn oder die Bedeutung eines Satzes, die etwas «früher» da sein muss, ehe der Ausdruck in den Worten entstehen kann.

Meditation: Im Akte der Aufmerksamkeit löst sich das Mich-Empfinden auf.

22.
Die allgemeine Erkrankung des Bewusstseins

Denken

Dass das Denken sich vom Fühlen losgelöst hat, hat seine gute Seite, insofern es von Emotionen unabhängig geworden ist. Das ist die pädagogisch positive Wirkung der Naturwissenschaft. Die Loslösung vom erkennenden Fühlen dagegen – dessen verbliebene Reste das Denken doch ermöglichen – verursacht eine Reihe von Missverständnissen im Denken, die generell unbemerkt bleiben; sie können als Symptome einer Krankheit aufgefasst werden, die sich heimlich verbreitet.

A. Die größte Strömung in der heutigen Philosophie ist wohl der Skeptizismus und damit verbunden ein erkenntnistheoretischer Relativismus. Wendet man die entsprechenden Prinzipien folgerichtig auf die sie vertretenden Theorien an, so lösen sie sich auf; sie sind in diesem Sinne suizidale Theorien. Ist alle Erkenntnis unsicher, so auch diese Behauptung selber. Auch wenn jemand das zugäbe, ist das Zugeben wie eine Ausnahme verstanden: Auf dieses werden Skepsis und Relativierung nicht angewendet. Der letzte Satz wird in jeder relativierenden Aussage ernst und ohne Verdacht hingenommen.

B. Die obige Situation ist ein Teilphänomen einer breiteren Fehlgebärde: dass nämlich die aktuelle Aussage hinter ihrem Inhalt, der zu der Tatsache des Aussagens im Widerspruch steht, «vergessen» wird. So geschieht es zum Beispiel in der vereinfachten Aussage «Ich bin nicht» oder «*Ich* existiert nicht» oder «Das Ich ist eine Illusion», «ein Irrtum» und so weiter. Man könnte fragen: *Wer* sagt das, *wessen* Illusion ist es?

C. Es wird in vielen Darstellungen das Bewusstsein «vergessen», dessen Urphänomen – eigentlich das *einzige* Urphänomen – das *Verstehen* ist, dem im Verstandenen die Bedeutung entspricht. Daher ist das Verstehen unreduzierbar, und damit erlischt jeglicher Reduktionismus des Bewusstseins. *Verstehen* ist heute die einzige überbewusste Aktivität, die sich selbst und dadurch alles andere begreift. Somit aber wird das Denken und seine Urgebärde, das Verstehen, als die einzige unmittelbare *Empirie* oder Erfahrung erkannt – das Sinneswahrnehmen ist beim Erwachsenen durch und durch begrifflich strukturiert und durchwoben. Es folgt daraus die Unmöglichkeit, die ursprünglichen, grundlegenden, sprachgebotenen Begriffe zu definieren – was immer wieder versucht wird.

Meditation: Das Verstehen versteht immer sich selbst.

D. Die nominalistische Philosophie bemerkt nicht, dass man nur benennen kann, was begrifflich umrissen ist.

E. Im Gegensatz zu den analytischen Wissenschaften (zum Beispiel den Naturwissenschaften) ist Verstehen immer synthetisch lesend: Elemente werden hierarchisch auf stets höheren Ebenen zur Bedeutung oder zum Sinn zusammengelesen (Laut, Wort, Satz, Absatz und so weiter).

F. Im Pragmatismus wirkt eine verborgene Theorie, nach welcher etwas als «nützlich» eingeschätzt wird. Alles Denken nach Nützlichkeit ist von vornherein krank, weil «nützlich» nur in der Egoität eine verständliche Kategorie ist, und steht im begrifflichen Gegensatz zum «Wahren».

G. Im Denken unserer Zeit spielt das prinzipiell «Undenkbare», das dennoch «gedacht» wird, eine große Rolle. Dazu gehört das ohne Begrifflichkeit Seiende, das Sein, das Ding an sich, das Un- und Unterbewusste als Grund des Bewusstseins, das seinen «Grund» doch denkt; das Unbewusste als Weltengrund, der eigenschaftslose Stoff, auch als eigenschaftsloses Elementarteilchen und so weiter. Das praktisch und wirklich Undenkbare dagegen ist, wofür die gegebenen Fähigkeiten des Denkens nicht hinreichen, zum Beispiel zu den eigenen zunächst überbewussten Quellen hin.

H. Oft werden Bewusstseinserfahrungen auf Elemente der Wahrnehmung zurückgeführt. Diese Elemente sind selbst meistens stark begriffsdurchwachsene Bewusstseinserfahrungen; insofern ist diese Auffassung in sich widersprüchlich («das Gehirn denkt», «die Sinnesorgane nehmen wahr»).

Fühlen

Das Denken ist im modernen Menschen die hellste und am meisten autonome Seelenfähigkeit; man kann normalerweise denken, was man will. Das Fühlen hat seine Autonomie fast gänzlich verloren: Die Emotionen kommen und gehen, nahezu unabhängig vom bewussten Willen. Hätte das Bewusstsein eine Macht über die Gefühle, so wäre kein Psychotherapeut notwendig. Die erkennenden Gefühle sind lediglich auf das Gebiet der Kunst reduziert, sonst sind sie als überbewusste Wurzel und Lenker des Denkens, Reste einstigen Könnens, verborgen. Es ist klar, dass die allgemeine Erkrankung größtenteils das Fühlen und den Willen betrifft. Die Urerkrankung, der «Sündenfall» geschieht auf diesem Gebiet.

Wenn das Denken seine Autonomie in dem Maße verliert, wie es im Hinblick auf das Fühlen akzeptiert ist, so wird das als schwere Erkrankung beurteilt.

Wille

Der Wille hat am meisten seine ursprüngliche erkennende Qualität eingebüßt: Nur im Denken kann der Mensch unmittelbar Willen entfalten, indem er die Richtung des Denkens durch den Willen bestimmt. Im intuitiven Denken gewinnt der Wille seine empfangende Qualität für einen Augenblick zurück. In jeder subjektiv neuen Idee lebt ein Wille, jene Idee zu sein. Vom Willen in der künstlerischen Tätigkeit war schon die Rede.

Fühlen und Wollen sind im individuellen und im Menschheitsleben ursprünglicher als das Denken und daher auch in ihrem Krankheitszustand mächtiger. Das Denken kann den Ausdruck von Emotionen beherrschen, nicht aber diese selbst. Emotionen, Egoität beherrschen die Welt.

Es ist ersichtlich, dass die Erkrankungen durch diejenige Gebärde zustande kommen, die *Missverstehen* genannt worden ist. Die Heilung kann nicht rückwärts, in die Richtung einer einstigen gesunderen Seelenkonstitution geschehen, sondern nur vorwärts, in Richtung auf die Selbstbewusstseinsseele. Das *Streben* nach rückwärts trennt den Strebenden stets mehr von seinem Ziel: Der *einstige* Zustand war ja *ohne* Streben gegeben. Das Streben zeugt von verlorener Naivität und von der Fähigkeit, vorwärts die Kräfte anzuwenden, wo sie ihr rechtes Anwendungsgebiet haben.

Meditation: Der empfangende Augenblick wird durch Schweigen vorbereitet.

23.
Konzentration

Durch die Missverständnisse, die zur Bildung der irreversiblen Formen führen – sie sind aus der Aufmerksamkeit gemacht, die in ihnen gefangen ist –, nimmt die Kraft, das Potential der freien Aufmerksamkeit ab. Erreicht dieses Schrumpfen ein gewisses Maß, so beginnt die unterbewusste Egoität das Leben des Einzelnen zu beherrschen, sie wird zur führenden Macht im Leben. Von da ab kann der Weg, der zu diesem Zustand geführt hat, nicht mehr rückwärts gegangen werden, denn es ist keine Kraft in der verbliebenen freien Ichheit, in der Aufmerksamkeit, die dazu fähig wäre. Jetzt muss und kann sich die Richtung der Heilung ändern. Das verbliebene Gute in mir kann das mächtig gewordene Böse in mir nicht mehr auflösen. Es kann sich aber zum Überbewussten hin erweitern, kann sich zu einem höheren Selbstbewusstsein entwickeln, kann aus sich heraus die vorbereiteten höheren Wesensglieder des Menschen selbstbewusst machen, dadurch zu einer mächtigeren Ichheit werden und durch die neue gewachsene Kraft die sinnlosen Geformtheiten auflösen. Der Weg zu dieser neuartigen Integration ist zugleich ein Prozess, durch den der sinnlose Teil des Innenlebens immer mehr abnimmt.

Zur Integration kann dieser Weg führen, indem das Erhöhtwerden des Selbstbewusstseins höhere Erkenntnisse ermöglicht, und in diesem Erkennen wächst der Mensch mit der Welt, der fertigen und der Ich-Wesen-Welt mehr und mehr zusammen. Die Wunde der Getrenntheit wird auf einem neuen Wege geheilt.

Durch die Reflexionsfähigkeit, die dem Menschen immer noch

gegeben wird, kann er zur Selbstbesinnung kommen und auch die nächstmöglichen Schritte zur Wiedergewinnung der verlorenen Teile seiner Aufmerksamkeit finden. Werden die sinnlosen Formen aufgelöst, so muss die auflösende Kraft größer sein als die Macht, die die Formen zustande gebracht hat und sie festhält. Diese Kraft wird aus den Formen befreit und steht dem höher gestiegenen Ich zur Verfügung. Die grundlegenden Übungen, die zu dem neuen Weg gehören, arbeiten mit der freien Aufmerksamkeit. Diese wird wiederholt in Bewegung gebracht: Aufmerksamkeit kann nur Bewegung sein, nichts Statisches. Um die Aufmerksamkeit in Bewegung zu bringen, bedarf es eines Themas, eines Objektes. Die mehr aktive Aufmerksamkeit entsteht, wenn das Thema selbst rein aus der Aufmerksamkeit gebildet ist. Das wird aktive Aufmerksamkeit genannt. So kann das Thema ein Gedanke, ein Vorstellungsbild sein, zu dem die Aufmerksamkeit in der Übung wird. Das Thema sollte gar nicht besonders interessant sein, sonst zieht es die Aufmerksamkeit an, und dann ist es nicht die Kraft der Aufmerksamkeit selbst, durch die das Thema gehalten wird. Es kann ein Gedanke sein, den man so weit versteht, dass man ihn übersetzen könnte, oder das Vorstellungsbild eines einfachen Gegenstandes von Menschenhand. Von Menschen sollte er gemacht sein, da wir die Begriffe oder Ideen von Naturgegenständen nicht kennen, nicht verstehen; wir haben eine nominalistische Beziehung zu ihnen.[19]

Wird die aktive Aufmerksamkeit durch Denken und Vorstellen gesteigert, so treten bedeutsame Veränderungen am Thema wie auch an der Aufmerksamkeit selbst auf. Je intensiver sie wird, umso plastischer, tiefer wird das Thema erlebt, und zugleich nimmt auch die Aufmerksamkeit sich selbst mehr und mehr wahr. Die in ihr strömende zeugende Komponente, die uns bei jeder Erfahrung kundgibt, dass dies *unsere* Erfahrung ist, und die die Kontinuität unseres Bewusstseins auch durch den Schlaf trägt – diese Komponente scheint schneller oder stärker zuzunehmen als die andere, die das Objekt erfährt, in der Übung zum Objekt wird.

Diese Tatsache kann zu einer Erfahrung führen, die für das Leben die bedeutendste ist. Zu ihrer Beschreibung nehmen wir das Beispiel eines Vorstellungsbildes, es könnte auch ein Gedanke sein.

Zunächst ist es mühsam, ein uninteressantes Bild im Bewusstsein zu halten, zum Beispiel das Bild eines bestimmten Löffels. Es will andauernd wegschlüpfen, und ungewünschte Assoziationen nehmen seinen Platz ein. Der Übende wird dadurch zu dem Gedanken geführt, dass er das Bild andauernd mit seiner Aufmerksamkeit zu nähren hat, sonst verschwindet es. Ein steter Fluss der Aufmerksamkeit ist notwendig, um das Bild halten zu können. Bei gesteigerter Aufmerksamkeit wird dieser Strom als Bewegung der Aufmerksamkeit in das Bild hinein erlebt, ohne das Bild zu verlieren (damit würde das Strömen aufhören). Das Bild verändert sich auch, aus einem Statischen wird es zu einem Geschehenden, Prozessualen, zu einem andauernden Werden. So erleben archaische Völker alles an der Welt: Ein Berg, ein Felsen ist für sie ein Geschehen. Es ist wie ein Zurücktreten vor dem Bild, ohne es zu verlassen, aber man nimmt wahr, was sich durch das Strömen zum Bild hin gestaltet. Dieses «Zurücktreten» kann wiederholt werden, mit anderen Worten: Wird die Intensität der Aufmerksamkeit weiter gesteigert, so erlebt sie sich noch «früher», nicht nur als hinfließende Bewegung, sondern als die Kraft, die in der Bewegung lebt, die diese aufrechterhält. Zugleich wandelt sich das Bild wieder, es wird zur Kraft. Man kann diese Kraft mit einem *Fühlen* identifizieren, dann wird das Bild zu einem Gefühlsgebilde, es strahlt Fühlen aus.

Es ist hilfreich zu bemerken, dass jegliches Bild, jede Form, jede Farbe und so weiter sowohl im Hervorbringen wie im Vernehmen durch ein Fühlen entsteht. Beim Zeichnen oder Malen wird das Werkzeug durch ein Fühlen geführt und geleitet, und wer dieses Fühlen nicht entwickelt, kann nicht zeichnen oder malen. Der Versuch, dieses Fühlen durch Denken zu ersetzen, führt zu keinen bedeutenden Ergebnissen. Sowohl die Stufen als auch die Benennungen dieses Prozesses sind fast willkürlich, wir gebrauchen

Worte, die wir kennen, zur Beschreibung von Erfahrungen, die wir kaum kennen, für die es keine Worte gibt.

Ein nächster Schritt im «Zurücktreten» bei wachsender Aufmerksamkeitsintensität führt zum Erleben des Willens, der den ganzen Vorgang entfacht. Dieser Wille ist die Aufmerksamkeit selbst und zugleich das Ich. Das Bild verwandelt sich auch zu einer Willensgestalt, es muss stets gewollt werden. Archaische Völker erleben die Natur als ein Fühlen und Wollen, das ausgestrahlt wird von den «Gegenständen» – denn für sie sind es keine –, diese sind (von Wesenheiten) gewollt, oder sie wollen selbst jene Dinge sein.

Der Fluss der Aufmerksamkeit wird zum Bild. Daher kann der Übende bei einer gewissen Intensität des Aufmerksamkeitsflusses empfinden, dass er zum Gegenstand, zum Thema, zum «Objekt» und zugleich Subjekt der Aufmerksamkeit wird. Das ist nicht verwunderlich, wenn man weiß, dass die Aufmerksamkeit die Ich-Substanz ist und dass das Thema aus der Aufmerksamkeit entsteht und besteht.

Wenn sich die Aufmerksamkeit *vor dem Bild* (oder Thema) erfährt oder gewahr wird, dann findet das erste und grundlegende geistige Erlebnis des «Ich bin» statt. Das geschieht in der reinen Aufmerksamkeit, wo das Bewusstsein das eigene ewige (zeitlose) Wesen berührt, das alle Zeit gegenwärtig war und ist, ohne sich selbst zu erfahren, und deshalb kein *Selbst* war, obwohl es alle Erfahrungen «vermittelt» hat. Diese Erfahrung ist zugleich das Hinaufheben der Bewusstheit in die Gegenwärtigkeit – nicht in der Zeit, wo es keine Gegenwart gibt, sondern in die zeitlose ewige Welt der Bedeutungen, das heißt in die geistige Welt.

Je «früher» – im Fühlen, im Willen – die Selbsterfahrung der Aufmerksamkeit erfolgt, umso höhere Stufen des Selbstes, des Selbstbewusstseins entstehen. Sie werden in der Geisteswissenschaft Geistselbst, Lebensgeist, Geistmensch, in der indischen Tradition Manas, Buddhi, Atma genannt.

Diese grundlegende Erfahrung – des Eintritts in die geistige Welt – kann bei gesteigerter Aufmerksamkeit auch im Sinneswahrnehmen erlebt werden. Man hört zum Beispiel ein Geräusch, und im «Zurücktreten» nimmt man die konfigurierende Wirkung dessen, was «Geräusch» *wird*, auf die Aufmerksamkeit wahr, ungefähr durch dieselben Stufen, wie sie im Hinblick auf ein Vorstellungsbild beschrieben worden sind. Die Aufmerksamkeit *wird das*. Wenn die zum Objekt werdende Aufmerksamkeit intensiv genug ist, erlebt sie sich im Objekt und wird zu einem Selbst: Objekt und Subjekt fallen zusammen. Das ist die Mission der Objekte überhaupt.

In der Konzentriertheit oder Hingabe wird der Körper vergessen, der Übende wird *leicht*.

Die Konzentriertheit mündet in Improvisation – jedes Erinnern wäre Ablenkung vom Thema.

Die Konzentriertheit führt zu mir selber.

Sie führt zu der Logoskraft in mir, deren Schatten die Kraft des Denkens ist, die Gegebenheit seiner Logizität.

Die innere Realität des Menschen hängt von seiner Konzentriertheit ab. Wenn wir uns konzentrieren, sind wir in der Gegenwart, sonst immer in der Vergangenheit. Wir werden improvisierend, weil die zunächst intentionale Aufmerksamkeit, falls sie intensiv genug ist, zur empfangenden wird, das heißt eigentlich von Augenblick zu Augenblick ohne Objekt bestehen kann.

Die Konzentriertheit heilt die Spaltung der Aufmerksamkeit (siehe 5. und 6. Kapitel). Nur so kann diese zum Selbst werden. Ist sie geteilt, dann sind ein Objekt und eine Bewusstheit von dem Objekt da; sie werden in der wachsenden Intensität der Hingabe zu einem einzigen.

In der Konzentration auf die Idee eines Gegenstandes oder auf einen Satz wird das Bewusstsein in die geistige Welt der Bedeutungen gehoben.

Wie angedeutet, werden die sinnlosen Formen durch die Konzentration, durch die Steigerung der Aufmerksamkeit größtenteils aufgelöst. Die Intensität der Aufmerksamkeit in der willentlichen Hingabe wächst auf Kosten der sinnlosen Formen, aus denen die gefangene Aufmerksamkeit durch die Übung befreit wird. Meistens bleibt jedoch etwas wie eine zusammengeschrumpfte Haut dieser Formen zurück, die sich bei Gelegenheit wieder auffüllen kann, der «Dämon» kehrt mit sieben weiteren ins Haus zurück, wie es im Neuen Testament beschrieben wird (Matth. 12,43).

Dieser hartnäckige Rest von lang geübten Gewohnheiten kann nur durch ein «Gegenbild» zum Verschwinden gebracht werden, durch eine «Gegenintuition», die wie eine konvexe Form zur konkaven oder wie eine positive Zahl zu einer negativen steht. Je «verrückter» die sinnlose Form ist, umso «verrückter» im konventionellen Sinn müsste die erfahrene – nicht bloß gedachte – Intuition, die Gegenform sein. Geht es um Eifersucht, so könnte diese Emotion durch die *erfahrene* Intuition getilgt werden, dass man aus wahrer Liebe zum Gegenstand der Eifersucht unter allen Umständen dessen Glück wünscht – und sei es mit einem anderen Menschen.

Meditation: Allein die Aufmerksamkeit kann sich begegnen.

24.
Meditation

Durch die Konzentration auf einen von Menschen gemachten Gegenstand in Vorstellung und Denken kann sich das Bewusstsein in der Idee des Gegenstandes auf die Höhe der gedanklichen Intuition erheben. Diese ist der Ausgangspunkt für weitere Übungsarten, die die Konzentriertheit und damit die Gestärktheit des wirklichen Ich, der freien Aufmerksamkeit, die sich erlebt hat und zum Selbst geworden ist, voraussetzen. In der Konzentrationsübung wird das wahre Ich gestärkt, noch *vor* dem Erlebnis des «Ich bin», weil die Aufmerksamkeit eben durch den reinen Willen dieses Ich in Tätigkeit gesetzt und intensiviert wird.

Die Meditation kann beschrieben werden als ein Aufenthalt des Bewusstseins auf der Ebene, wo das Verstehen als sehr kurzer Blitz, wie ein augenblickliches Aufleuchten stattfindet. Sie ist ein Verbleiben in den Himmeln, in denen die Blitze der Einsichten urständen.

Für das Meditieren sind Themen geeignet, die in sich Bedeutungsschichten tragen. Es können Sätze sein, wie die in diesem Buch empfohlenen, zum Beispiel: Das Verstehen versteht sich selbst; aber auch Symbolbilder oder Naturdinge beziehungsweise Naturphänomene, deren «Bedeutung» oder Idee auf einer höheren Ebene liegt als das alltägliche oder wissenschaftliche Denken.[20] Das Meditieren besteht in einem Sich-Konzentrieren auf das Thema. Ist dieses ein Satz, so auf den wortlosen, übersprachlichen Sinn oder die Bedeutung des Satzes, die Dynamis, die Kraft des Satzes. Man kann sie auch als die Sonne des Satzes bezeichnen:

Sie muss auf einer höheren Ebene schon «früher» da sein als die Formulierung, die Worte und die grammatischen Wendungen, denn die findet das Bewusstsein anhand dieser Sonne.

In der wort- und sprachlosen Konzentration auf den Sinn des Satzes kann dieser Sinn durchsichtig werden, und ein nächster Sinn kann aufleuchten. Inzwischen verwandelt sich die konzentrierte intentionale Aufmerksamkeit in eine momentan leere und empfangende. Dadurch wird das Erscheinen der nächsten Bedeutung möglich.

Die Meditation kann in diesem Sinne eine Übung zu einem mehr intuitiven Bewusstsein sein, oder sie kann als Forschungsverfahren angewendet werden. Das Verweilen bei einem wortlosen Sinn aber bietet die Möglichkeit, dass die Aufmerksamkeit sich jetzt auf einer höheren Ebene *dauerhaft* erfährt, nicht nur als ein Aufblitzen des Ich-bin-Erlebnisses. Geschieht das, so können das Selbst und das Selbstbewusstsein auf einer höheren Ebene als Geistselbst zur Wirklichkeit werden. Die Selbsterfahrung kann sich auf verschiedenen Bewusstseinsstufen wiederholen. In diesem Sinne kann von *Bewusstseinsseele* gesprochen werden, wenn denkende oder vorstellende Aufmerksamkeit sich in der Gegenwärtigkeit für einen Augenblick erfährt; von *Geistselbst*, wenn das mit Dauer geschieht; von *Lebensgeist*, wenn fühlende (erkennende) Aufmerksamkeit sich erfährt; von *Geistmensch*, wenn Aufmerksamkeitswille sich erfährt und so weiter.

Auf diesem stufenförmig emporführenden Entwicklungsweg löst sich jede Seelenfähigkeit immer wieder in die nächsthöhere auf: das Denken in Fühlen, das Fühlen in den Willen. Damit verändern sich auch die Formen, mit denen das Bewusstsein arbeitet. Die im lebendigen Denken schon beweglich gewordenen Denkformen werden im Fühlen noch flüssiger und im Willen – wenn das Gleichnisbild gelten kann – luftiger. Damit werden die höheren, mächtigeren Ideen zugleich charakterisiert.

Im Verlauf der Meditation wird es Erfahrung, wie der erste, informative Sinn des Satzes, auf den wir uns konzentrieren, sich auflöst und in eine zweite Bedeutung metamorphosiert. Damit sich die erste Form auflösen kann, muss das Ich über mächtigere Kräfte verfügen als jene, welche die erste Form gebildet haben, und zugleich in sich so erstarkt sein, dass es sich im Übergang ohne Formen halten kann. Das erste Thema wird zur Kraft aufgelöst, und aus dieser nun formfreien Kraft wird die neue Einsicht geboren. Werden die Formen flüssiger, luftiger, größer, so lernt das Ich sich mit zunehmender innerer Stärke in der geistigen Welt der feineren Formen halten. Die feste Geformtheit des Ich – sie reicht hinunter bis zum Empfinden des Körpers – verwandelt sich in eine feinere, großzügigere Geformtheit, zur völligen Formfreiheit hin. Die stärkste Kraft oder Tendenz in der Aufmerksamkeit ist, dass sie sich selbst sucht. Diese Kraft ist es, durch welche die Aufmerksamkeit alles andere suchen und finden kann.

Meditation: Mein Licht erfährt sich selbst.

25.
Das Selbst

Bevor ein Gedanke in der Form eines Satzes im Bewusstsein erscheint, ist sein wortloses Wesen, die Dynamis, der Sinn des Satzes da. Bevor der Sinn, die wortlose Dynamis an der oberen Grenze des Bewusstseins erscheint, ist die Kraft des Denkens da. Bevor die Kraft des Denkens wirksam wird, sich bewegt, sich zu artikulieren beginnt, ist im Überbewussten das Selbst da, seiner selbst nicht bewusst, identifiziert mit der Kraft, der Bewegung, dem Wesen und dem Satz des Gedankens.

Will man den Weg vom Gedanken, in der Form eines Satzes, rückwärts bis zur Quelle gehen, so fällt der Anfang, das Wollen des Denkens dem modernen Menschen nicht schwer. Viel schwerer fällt es ihm, die Kontinuität des Denkens-Vorstellens zu erreichen. Das bedeutet zunächst die Lückenlosigkeit des Prozesses und das Zu-Ende-Denken des Gedankens, durch alle seine Konsequenzen – ein Satz ist für das Denken immer nur der Anfang. Diese Art Denken ist eine große Leistung, besonders wenn im Denken auch der eigene Prozess mit betrachtet wird (wodurch eine Reihe von gängigen Behauptungen vermieden wären, «Denk»-fehler wie «Es gibt kein Ich»). Die feinere Arbeit erfolgt jedoch erst, wenn die genannten Gefährdungen schon abgewehrt sind. Denn die Kontinuität im strengen Sinne besteht in einer alles andere (Erinnerungen, vorgefertigte Begriffe, eingeübte Denkweisen und -formen) ausschließenden Konzentration auf das Thema, sodass im Denken kein noch so feines Stehenbleiben, Haltmachen bei Begrifflichkeiten oder Vorstellungen – den Vergangenheitselementen – mehr vorkommt. Das ganze Vorgehen wird improvisierend, intuitiv und bleibt im Wortlosen. Damit berührt das «Denken» die geistige Sphäre der Möglichkeit aller Begriffe. «Das Denken, nicht die Gedanken, das muss aktiv werden. Dieses Aktivwerden des Denkens, das kommt von dem Hereinspielen der geistigen Welt. Und Sie können heute, wenn Sie wirklich anfangen, aktiv zu denken, gar nicht anders, als die geistige Welt in sich hereinspielen zu lassen.»[21]

Wenn die Aufmerksamkeit konzentriert und im wahren Sinne kontinuierlich wird, ohne bei Vergangenheitselementen Halt zu machen, also stets gegenwärtig ist, dann erreicht sie die Bedeutungswelt, die eine Kontinuität ist, wie auch das Verstehen. Die Qualität des Erlebens von Sinn oder Bedeutung heißt nur auf ihrer untersten Stufe «Denken», darüber hinaus ist es eigentlich ein fühlendes-wollendes «Erfahren». Selbst im Denken kann das fühlende-wollende Element ertastet werden, wie es schon gezeigt wurde. Die Kontinuität des Sinn-Erfahrens sichert das Sich-Aufhalten in der Welt der Bedeutungen und zugleich die Bildung des Selbstes, die Selbsterfahrung auf den verschiedenen Ebenen des Überbewussten. Diesen Ebenen entsprechend wird die Selbsterfahrung formfrei, die Erfahrung der relativ formfreien Aufmerksamkeit durch sich selbst. Die Erkenntnisprozesse des Alltagsbewusstseins werden auf der Ebene des Alltags-Ich bewusst – ein Ich muss dabei sein, wenn es um Erkenntnisse geht; geistige oder höhere Erkenntnisse müssen in der freien Aufmerksamkeit bewusst werden, wozu das Selbstbewusstsein in dieser freien Aufmerksamkeit notwendig ist: Der im Alltagsbewusstsein verborgene Zeuge wird stufenweise zum *wahren* Zeugen.

So wie die Ebene der Aufmerksamkeit oder Bewusstheit in der Meditation steigt, wird das Selbst immer mehr formfrei und dehnt sich in der Bedeutungswelt aus. Es werden immer mehr Erkenntnisse möglich, bis zur Rückkehr in die völlige Formfreiheit, wo die Bewusstheit mit der gesamten geistigen Bedeutungswelt identisch wird. Vergeistigung heißt, dass das menschliche Ich ohne Formen existieren kann.[22] Überbewusst ist die Aufmerksamkeit, die Potentialität des wahren Ich immer schon mit der ganzen geistigen Welt identisch, jedoch ohne daraus Erkenntnisse haben zu können, da es bloß im Vergangenheitsbewusstsein ich-bewusst ist.[23] Aus dieser Identität stammen die Erkenntnisse als Gaben, als «Erinnerungen» an das überbewusst Erlebte – daher Platons «Anamnesis» oder Rudolf Steiners Strophe «Übe Geist-Erinnern …».[24]

Wenn das denkende Verstehen seine wortlose Kontinuität erreicht, beginnt es das intelligente Fühlen zu erwecken, indem es sich in das fühlende Element auflöst. So wie die Ebene des Verstehens sich erhöht, nähert sich das «Verstandene» der Leerheit an. Die Begrifflichkeiten werden umfangreicher, größer, wie sie in der Geschichte der Sprachen erscheinen, wenn man ihre Vergangenheit betrachtet. Das sichert die Kontinuität der Bewusstseinsentwicklung, es ist ein Wachsen der Peripherie von demselben Zentrum aus, nicht ein «Verrücken» des Zentrums. Das Ende ist Leere: In *einer* endlosen Idee ist die ganze Welt samt ihrer Geschichte anwesend. Die Welt der Bedeutungen ist die Welt des Ich – nur Ich-Wesen haben erkennenden Eintritt in diese Welt.

Bedeutung und Ichheit sind so verwandt, dass wenn eine von ihnen ins Wanken kommt, die andere mitgerissen wird, und jedes Ins-Wanken-Kommen mündet in Angst. Die Ichheit erfüllt den ganzen Bedeutungsraum, im Prinzip ist sie allwissend. Erkennend kann sie nur durch eine innere Haltung werden, in dem Maße, wie sie ohne Objekt zu bestehen lernt. Die Ichheit ist zeitlose, raumlose, formfreie, grenzenlose Anwesenheit. Die Aufmerksamkeit kann «vermitteln», weil sie stets mit allem identisch ist.

Meditation: Für die Aufmerksamkeit muss und kann nichts vermittelt werden.

Wäre für die Aufmerksamkeit eine Vermittlung notwendig, so müsste sie, die Aufmerksamkeit, diese wahrnehmen können, unvermittelt – oder es wären unendlich viele Vermittlungen notwendig. Andererseits, wenn ein von der Aufmerksamkeit verschiedenes Ich da wäre, dann würde es durch die Aufmerksamkeit ihre Informationen beziehen, die Aufmerksamkeit würde wirklich vermitteln. Das Ich müsste aber die vermittelnde Aufmerksamkeit irgendwie wahrnehmen können. Das wiederum wäre erst für eine Aufmerksamkeit möglich. So leuchtet es ein: Die Aufmerksamkeit ist das Ich.

Die überbewusste Aktivität der Aufmerksamkeit wird bewusst, wenn die Aktivität stehenbleibt, zur Form, zum Objekt wird. Was «vermittelt» wird, ist aus Aufmerksamkeit gebildet. Erscheinen und Erscheinung sind untrennbar mit dem Thema oder Objekt verbunden. Verlässt das Verstehen das Gebiet der von Menschen gemachten Objekte, so verschwindet die Dualität von Objekt und Subjekt. In der Kunst sind Wahrnehmen und Verstehen eins und noch mehr im Erkennen der Natur: In beiden Fällen geht es um ein Lesen. Fühlendes oder wollendes Verstehen geht in der Identität vor sich, es ist ein monistisches Geschehen.

Das formfreie Ich-Bewusstsein, das Selbst, kann nur von unten her, aus dem Logosfunken, der seit der Fleischwerdung des Logos im Menschen wohnt,[25] angestrebt werden. Das überbewusste Logos-Element – das sich in der Gestimmtheit auf Bedeutung kundgibt – ist dazu nicht fähig, weil das provisorische Ich-Bewusstsein, das Mich-Fühlen, gerade diesem Element zu verdanken ist, indem es nicht sich selbst, sondern seinen in Form geronnenen Teil «erfährt». Aus dem Logosfunken kommt der Impuls, die Formen aufzulösen. Die von unten sich bildende Formfreiheit vereinigt sich mit der oberen, der formfreien Aufmerksamkeit.

Die freie Aufmerksamkeit ist durchsichtig oder selbstlos, lässt ihr Objekt, das undurchsichtig ist, durch. Erfährt die Durchsichtigkeit sich selbst, so ist dies das wahre Selbst. Verliert die Aufmerksamkeit ihre Durchsichtigkeit, wird sie trüb, so wird das Dunkelheit oder Finsternis genannt. Die Finsternis ist durch den Sündenfall in die Welt gekommen, damit der Mensch sie und das Licht wahrnehme. Ist das Gewahrwerden des Lichtes geschehen, so ist die Finsternis nicht mehr notwendig, sie hat ihre Mission beendet. Das wäre die Wirkung des Christentums: Das Licht könnte sich selber gewahrwerden.

Nur ein kleiner Teil der Ich-Substanz ist mit dem Organismus verbunden. Die Kräfte und Fähigkeiten im Denken, Wahrnehmen, Erkennen sind die Zeichen der verborgenen Anwesenheit der Ich-Substanz, die *nicht* mit dem Körper verbunden ist. Sie ist keine *Wahrheit*, keine Unverborgenheit. Das Selbst ist noch verborgen, wie alles, das überbewusst ist.

Um die Welt zu erkennen, müssen wir uns unserer selbst bewusst werden in der Welt, nämlich derjenigen der Bedeutungen, in denen wir überbewusst immer anwesend sind. So ist Selbsterkenntnis, das heißt die Bildung des Selbstes, die Bedingung für eine Welterkenntnis.

Auf Erden sind wir genötigt, diskontinuierlich zu denken – so erlernen wir das Denken durch die diskontinuierliche Seite der Sprache –, obwohl im Hintergrund die kontinuierliche Tätigkeit des Verstehens wirksam ist, aber überbewusst. Erreichen wir durch einen Übungsweg die bewusste Kontinuität des Verstehens, so tauchen wir in die Welt der Bedeutungen ein. Durch die Liebe zum Tun, die schöpferische zweite Liebe, werden wir zu Individualitäten, und die Individualisierung findet auf dem Gebiet des Überbewussten statt. Denn nur durch Entwicklung von Fähigkeiten, die unabhängig vom Organismus sind, werden wir zu Individuen, auch wenn diese Fähigkeiten zu ihrem Ausdruck den Organismus benutzen.

Die Individualisierung beginnt mit der Auflösung der biographisch gegebenen sinnlosen Formen in der Seele. Die Art der Auflösung ist individuell, die Formen sind es weit weniger. In der Fortsetzung der Individualisierung wie auch in der Auflösung der Formen ist die überbewusste Sphäre wirksam; diese Wirksamkeit ist schöpfungsartig. Aus dieser ersten Phase der Individualisierung geht hervor, was wir den *Stil* einer Individualität nennen: der ist eine weitere bewegliche, freie, großzügige Form, die nicht verpflichtend und eben deswegen auch wandelbar ist. Die Wandlung ist selbstbewusst, ist eine weitere Individualisierung durch bewusste Arbeit. Diese hebt von Stufe zu Stufe die Ebene des Selbstes, die eigene Wirkungsebene.

Der schöpferische Wille des Selbstes überlebt in seiner verfremdeten Form, im Egoismus. Das Streben der Egoität geht stets über das biologisch Notwendige und das rationell Notwendige hinaus, in der Genusssucht, im Besitzstreben und so weiter. Das ist die Metamorphose des Willens des Ich, der immer Überfluss schafft. Das Haften der Egoität zielt nach außen, nach dem Anderen, nach der Objektwelt, ständig begleitet vom Mich-Fühlen. Die Kräfte der Aufmerksamkeit kommen aus der Ich-Substanz, sie sind der Ego-Leib, sie bilden ihn. Die freien Kräfte werden im Erkennen an diesem und am Ich-Leib gespiegelt, das heißt, sie werden Vergangenheit. Das zentrale Nervensystem spielt dabei auch eine Rolle. Die unerschöpfliche Lebensquelle der Aufmerksamkeit lässt neue, nicht gespiegelte Kräfte den gespiegelten entgegenströmen, und diesen begegnen die gespiegelten. Diese Begegnung selbst ist das Alltagsbewusstsein. Der freien Aufmerksamkeit begegnet die eigene Vergangenheit, die durch Haftungen gefärbt oder belastet ist. Die zurückprallenden Vergangenheitskräfte werden durch die frischen Aufmerksamkeitskräfte bewusst, und die beiden Arten vermischen sich in einem Intervall, dessen eine Grenze der «Spiegel» ist; die andere, mehr unscharfe, ist durch die Reichweite der gespiegelten Kräfte im Gegenstrom der frischen zu sehen. In diesem Intervall lebt das Alltags-Ich. Das Intervall, dessen offenere Grenze beweglich ist, sorgt dafür, dass die verfremdeten Aufmerksamkeitskräfte nicht gänzlich von den freien getrennt werden, sonst würde die Seele zu einem Mechanismus ausarten. Das Mich-Fühlen muss als Objekt mit den freien Kräften in Verbindung bleiben, sonst wäre es nicht erlebt. Die Selbstbewusstheit des Alltags-Ich bezieht sich auf Formen, zum Beispiel auf das Bild, das sich der Mensch von sich macht. Dieses Bild begrenzt alle Erkenntnisse, alle seine Erfahrungen. *Wissen* ohne Grenzen heißt, ohne Grenzen *zu sein*, weil im Erkennen die Aufmerksamkeit – das Ich – mit dem zu Erkennenden identisch wird, seine Form annimmt.

Weil das Mich-Fühlen normalerweise mit den Ich-Kräften in Verbindung steht, kann im Alltagsbewusstsein die Umkehr geschehen, das heißt der Willensentschluss zu dem, was im Neuen Testament mit den Worten Johannes' des Täufers «Ändert den Sinn» angedeutet wird. Dass dies möglich ist, das heißt Christentum.

Obwohl die Grenze des Alltagsbewusstseins nach oben, zum Überbewussten hin verwischt ist – deshalb ist reines logisches Denken oder künstlerisches Fühlen vom Alltagsbewusstsein aus möglich –, ist das Erleben des Überbewussten vom Alltagsbewusstsein durch einen Abgrund getrennt. Der Abgrund besteht aus dem Haften des Alltagsbewusstseins an den sinnlosen Formen, wodurch das Mich-Fühlen entsteht und zugleich die berechtigte Furcht, das Ich-Bewusstsein wäre zu schwach, die Mächtigkeit der überbewussten Kräfte auszuhalten. Diese Schwelle sicher zu überschreiten ist nur möglich, wenn ein relativ ungeformtes Ich-Bewusstsein und andererseits eine empfangende – momentan leere – Aufmerksamkeit zustande kommen. Mit anderen Worten: Wenn die Seele zum individuellen Geist wird. Ist die Seele Ich-Bewusstsein im Hinblick auf etwas Geformtes, so ist der Geist Ich-Bewusstsein im Hinblick auf nichts, auf keine Form; jedoch selbsterfahrend auf das seelische Ich-Bewusstsein verzichten kann nur ein stärkeres Selbstbewusstsein, eines, das stärker ist als das, worauf es verzichtet.

Man kann diesen Entwicklungsvorgang auch beschreiben als den Übergang von dem Zeugen zum wahren Zeugen. Der erste Zeuge ist der Reflektierende, der über die Vergangenheit der Bewusstseinsprozesse zeugt; der zweite ist der wahre Zeuge, der auch die eigene Gegenwärtigkeit erlebt.

Die überbewusste Aufmerksamkeit ist von Anfang an eins mit der Welt der Bedeutungen. Im geistigen Erkennen kann diese

Identität nach und nach wirklich, das heißt bewusst werden, in dem Maße, wie, und auf der Ebene, wo das Selbst, die sich erfahrende Aufmerksamkeit, gebildet wird. Das verleiht der Aufmerksamkeit ihre Heiligkeit. Sie ist zu erleben in der Tatsache, dass die Aufmerksamkeit als Selbst ich selber bin und dass sie mich doch mit dem Nicht-Ich verbindet. Die Aufmerksamkeit als Selbst entsteht nur durch die Unterbrechung der Verbindung zum Nicht-Ich, im einen Pol der Oszillation, die die Aufmerksamkeit ausführt, als Hingabe und Rückkehr zu dem Ich oder Selbst, jeweils auf der Ebene dieses Selbstes. Das ist die Kraft des Ich oder der Aufmerksamkeit, dass sie sich identifiziert mit dem vorläufigen Objekt und doch unverändert bleibt. Dies mag in dem Pendelschlag Hingebung – Rückkehr geschehen, dann ergibt sich eine Erfahrung in Vergangenheit. Oder es kann in der Gegenwärtigkeit stattfinden, indem das Ich in der Durchsichtigkeit zeugt. In der Selbstbewusstseinsseele muss die Bewusstheit wenigstens für einen Augenblick in die Durchsichtigkeit gehoben werden. Das wahre Ich, das Selbst bildet sich und wird in der Durchsichtigkeit erfahren.

Meditation: Hast du dich verändert?

Die geistige Welt, eine Welt der Bedeutungen, ist zeitlos, raumlos, wie die Bedeutungen selber. Und doch besteht sie aus – für das irdische Bewusstsein unbegreiflichen – Vorgängen, Veränderungen, es ist nichts Statisches in ihr zu finden. Auch in der menschlichen Seele gibt es keine Entitäten, die *sind*, nur solche, die *werden*, zum Teil jedoch in der Zeit. Wenn das Geistige die Seele berührt oder in ihr Wohnung nimmt, so wird diese Erfahrung als *Wind* dargestellt (Joh. 3,8; Apg. 2,2). Aber auch das Wort «einmütig», das jene Verhaltensweise der Apostel zu Pfingsten bezeichnet, die das Herankommen des Geistes ermöglicht hat, wird durch ein *luftiges* Wort angedeutet: *homothymadòn*, wobei *thymos* den Sinn von Atem, Geruch, Seele hat, also: «Mit einem Atem».

Der Windstoß zu Pfingsten kündigt das neue Zeitalter des Geistes an – als Möglichkeit. Die Veränderung wird bei Johannes als ein Wechsel des Verhältnisses von Licht und Finsternis beschrieben. Im Prolog seines Evangeliums ist zu lesen (Joh. 1,5): «Und das Licht scheint in der Finsternis und die Finsternis hat es nicht begriffen.» Das charakterisiert das zweite Zeitalter der Dualität, in dem der Mensch das Licht nur auf dem Hintergrund der Finsternis gewahren konnte. In seinem ersten Brief spricht Johannes anders (1. Joh. 1,5): «Das ist die Botschaft, die wir von ihm gehört haben und die wir euch verkündigen, dass Gott Licht ist und in ihm ist keinerlei Finsternis.» Und weiter (1. Joh. 2,8): «Wiederum schreibe ich euch ein neues Gebot, das wahr ist in ihm und in euch; weil die Finsternis ist vergangen und das wahrhaftige Licht scheint jetzt.» Die Glocken läuten für die Zeiten der Durchsichtigkeit, Licht in Licht, wie es gezeigt wird im Hinblick auf das Heilige Neue Jerusalem in der Offenbarung des Johannes und in der Stadt Ganda Vyuha im Lotus-Sutra: Beide Städte sind durchsichtig.

Der Geist ist der Geist der Wahrheit, das heißt Unverborgenheit. Wird sich der Mensch einst ausweiten, um die ganze geistige Welt selbstbewusst zu umfassen, dann wird er auch allwissend sein. Und dieses Wissen wird ihm wie eine Erinnerung erscheinen an das, was er von Anfang an und alle Zeiten war (Joh. 14,26): «Aber der Tröster, der Heilige Geist, den der Vater schicken wird in meinem Namen, er wird euch alles lehren und euch erinnern an alles, was ich euch gesagt habe.» Alles, was der Logos den Menschen gelehrt hat von Anfang an.

Ausklang

Es gibt Dinge, die man sehen kann, und Dinge, die man nicht sehen kann, wie Gedanken, Gefühle, Güte. Man sieht wohl ihren Ausdruck, ihre Folgen, nicht aber sie selbst.

Zu den unsichtbaren «Dingen» gehören die Bedeutungen, der Sinn von Wörtern, Sätzen, Texten.

Was erscheint, sind ihre Zeichen, *verdichtete* Bedeutung.

Durch die Erscheinung erfährt man die Bedeutung, wenn die Zeichen, die Erscheinungen *durchsichtig* werden.

Transparenz ist das Wesen der Logoswelt – dass es sprechend, bedeutend, sinnvoll durch Zeichen ist.

In dieser Welt ist nur Sinnvolles – auch das Sinnlose wird als solches nur im Hinblick auf den Sinn erkannt. Man muss dazu wissen, was Sinn ist.

Die sprachlich gegebenen Zeichen sind nie eindeutig, weil ihr Sinn auf einer höheren, sinn-reicheren Ebene urständet: Der reiche Sinn zerfällt auf der Alltagsebene in verschiedene Bedeutungen – in kleine Münze. Die Vieldeutigkeit gibt Raum für die Freiheit, das Spiel, neue Sinnschöpfung.

Die Sprachen – nicht nur die verbalen – trennen und verbinden: trennen durch die Wörter, verbinden durch die Grammatik.

Wer spricht, fällt aus der Identität mit dem Weltganzen heraus und strebt, bewegt sich zugleich in diese zurück. Über Identität und Getrenntheit, sie vereinend, schwebt das Wesen der Logoswelt:

Lesbarkeit oder *Transparenz*.

Nachwort zur zweiten Auflage

Das Buch hat den Untertitel «Die Wissenschaft des Ich». Manchem Leser mag in diesem Zusammenhang auffallen, dass sich im Buch kein Kapitel über das Ich-Du-Verhältnis findet, ja dass dieses Thema gar nicht explizit behandelt wird. Dazu nun zwei Bemerkungen:

Wer die Beschreibungen im 19. und 25. Kapitel nicht nur intellektuell aufgenommen, sondern sie sich, wie in der «Einstimmung» empfohlen, zur Erfahrung gebracht hat, wird den Grund des erwähnten «Mangels» verstehen: Wenn man sein eigenes wahres Wesen erfährt, wird man kaum Probleme in zwischenmenschlichen Beziehungen haben. Denn dann tritt der Du-Sinn bewusst in Wirkung, und dadurch, dass die Emotionen nicht mehr bestimmend sind, bleiben keine endogenen Störfaktoren im Zusammenleben der Menschen zurück – und ein Zusammenleben mit anderen ist das menschliche Leben immer.

Ohne die Erfahrung des Selbst bleiben alle Erörterungen, alle Theorien über Sozialität, über das Verhältnis zum Du, leere Worte. Das Leben zeigt deutlich genug, dass Sozialität durch äußere Maßnahmen oder Spielregeln allein nie entstehen kann. Zu vieles Sprechen darüber führt zu vermeintlichem Wissen und verleitet dazu, so zu tun, als ob – und das ist gefährlicher, als nichts zu tun.

Anmerkungen

1 Beispiele: Zum (altgriechischen) Verb *lambano* finden wir im Wörterbuch folgende Bedeutungen: nehmen, fassen, ergreifen, anhalten, festhalten, fangen, in seine Gewalt bekommen, rauben, erbeuten, wegnehmen, jemanden packen, hart behandeln, erwischen, bei sich aufnehmen, mit sich führen, begeistern, sich einer Sache teilhaftig machen, wahrnehmen, vernehmen, begreifen, aufnehmen, durch einen Fluch binden, bemitleiden, ansehen, auf sich nehmen, bestimmen, empfangen, erhalten, bekommen, beziehen, erlangen, erfahren.

Zum Wort *charis:* Alles worüber man sich freut: Liebreiz, Anmut, Liebenswürdigkeit, Wohlgefälligkeit, Zierlichkeit, Schönheit, Wohltat, Gefälligkeit, Liebesdienst, Huldigung, Verehrung, Verpflichtung, Erkenntlichkeit, Dankbarkeit, Dank, Vergeltung, Belohnung, Lohn; als Präposition: um … willen, wegen, halber, zugunsten.

Mittelhochdeutsch *Wunsch:* Vermögen, etwas Außergewöhnliches zu schaffen, personifizierter Schöpfer und Verleiher aller Vollkommenheit, alles Segens und Heiles; kraft dieses Vermögens ausgesprochenes Begehren, Wunsch; Inbegriff des Schönsten, Besten, Volkommensten; Ideal; Mittel, etwas Außergewöhnliches zu schaffen, Zauberstab, Wünschelrute; Glückwunsch, Segen.

2 Die Nominalisten haben zum Teil Recht gehabt, als sie die Universalia für Namen erklärten. Vor allem in Bezug auf die heutige wissenschaftliche und technische Namengebung hätten sie Recht. Was sie vergessen haben, ist eben die Tatsache, dass man nur Verstandenes oder wenigstens der Erscheinung nach Begriffenes benennen kann. Die Muttersprachen geben uns eine gewisse Menge von Wörtern, Namen vor, die wir größtenteils intuitiv, ohne Erklärung und Definition verstehen, begreifen – wir werden von ihnen in der

frühen Kindheit ergriffen. Durch diesen sprachgegebenen Grundbefund «lernen» wir denken, wobei die Denkgebärden der Grammatik verinnerlicht werden, damit sie sich zu Fähigkeiten auflösen. Das ermöglicht die Emanzipierung des Denkens von der Sprache, die Fähigkeit, neue, nicht sprachgegebene Begriffe zu bilden, wie es zum Beispiel in der Wissenschaft und Technik geschieht, und diesen Begriffen einen Namen zu geben. Das ist der Vorgang, der zu einem «berechtigten» Nominalismus hätte führen können. Der Nominalismus im Mittelalter aber stammte aus anderen Quellen, aus einer Logos-feindlichen Inspiriertheit.

3 Zum Umgang mit den Meditationssätzen siehe das Kapitel «Meditation», S. 94 ff., im vorliegenden Buch sowie G. Kühlewind, «Die Schulung der Aufmerksamkeit», in: *Freiheit erüben*, Stuttgart [2]1991, und G. Kühlewind, *Vom Normalen zum Gesunden*, Kapitel 5.4, Stuttgart [5]1995.

4 «L'attention est la prière naturelle, que nous faisons à la vérité intérieure, afin qu'elle se découvre en nous.»

5 Die vielfach vertretene Auffassung, derzufolge das Ich nichts anderes ist als die Gesamtheit der Erfahrungen und Erinnerungen, kann bei genauer Untersuchung nicht aufrechterhalten werden. Denn nach dieser Theorie kann die erste Erfahrung noch nicht meine sein, da sich das Ich bloß als eine Gesamtheit ergibt. Dann aber ist die zweite, dritte Erfahrung auch nicht als meine anzusehen, und daher kommt es nie zu einer «Gesamtheit», außer wenn das erste Element schon dem Ich angehört. Wird die erste Erfahrung schon als eine «Gesamtheit» aufgefasst, so reduziert sich diese Auffassung zu dem, was dargestellt wurde: Der verborgene Zeuge ist schon von Anfang an wirksam.

6 Siehe G. Kühlewind, *Das Gewahrwerden des Logos*, Kapitel «Charis und Aletheia», Stuttgart [5]1995.

7 *Dynamis* (altgriechisch) bedeutet Kraft, Macht, Fähigkeit und Bedeutung.

8 Siehe R. Steiner, *Wahrheit und Wissenschaft*, IV. Kapitel: Die Ausgangspunkte der Erkenntnistheorie, GA 3, Dornach [5]1980.

9 Siehe Anm. 6.

10 Siehe G. Kühlewind, *Das Reich Gottes*, Kapitel: Unverborgenheit, Stuttgart 1994, S. 51 ff.

11 Siehe Anm. 1, Anm. 6 und G. Kühlewind, *Esoterik des Erkennens und Handelns*, I. Kapitel: Zur Unverborgenheit, Stuttgart 1995.

12 Siehe G. Kühlewind, *Esoterik des Erkennens und Handelns*, III. Kapitel: Das Übungsbuch der Bewusstseinsseele – die Liebe im Denken.

13 Siehe ebenda, VI. Kapitel: Die schöpferische Freiheit und Reprisen 15 und 16.

14 Siehe Anm. 13.

15 Das griechische Wort «kólasis», gewöhnlich als «Pein» übersetzt, stammt aus dem Verb «kolazo», womit ursprünglich das Abschneiden der überflüssigen Teile der Bäume und Pflanzen gemeint war. Im übertragenen Sinne bedeutet das Wort «strafen, züchtigen», somit auch Pein.

16 Siehe R. Steiner, *Ein Weg zur Selbsterkenntnis des Menschen*, sechste Meditation, GA 16, Dornach [7]1982.

17 Siehe G. Kühlewind, *Das Leben der Seele zwischen Überbewusstsein und Unterbewusstsein*, 4. Kapitel: Erinnern und Vergessen, Stuttgart [2]1986.

18 Siehe R. Steiner, *Vom Menschenrätsel*, Kapitel: Ausblicke, GA 20, Dornach [5]1984.

19 Die Beschreibung der Konzentrationsübung ist in den grundlegenden Werken von R. Steiner zu finden wie auch in G. Kühlewind, *Vom Normalen zum Gesunden* (Stuttgart [5]1995) und «Die Schulung der Aufmerksamkeit» in: *Freiheit erüben* (Stuttgart [2]1991).

20 Zur Beschreibung der Meditation siehe Anm. 19.

21 R. Steiner, *Der Goetheanismus, ein Umwandlungsimpuls und Auferstehungsgedanke*, 3. Vortrag, 5. Januar 1919, GA 188, Dornach [3]1982.

22 R. Steiner, *Theosophie*, Kapitel IV: «Nur muss festgehalten werden, dass diese ‹geistige Haut› sich fortdauernd mit der fortschreitenden menschlichen Entwickelung ausdehnt, so dass die geistige Individualität des Menschen (seine aurische Hülle) einer unbegrenzten Vergrößerung fähig ist … und ‹er [‹der Sehende›] schaut›, wie sich dieser ‹Lebensgeist› fortwährend durch die Aufnahme von Geistes-

nahrung aus der geistigen Außenwelt vergrößert. Und ferner sieht er, wie durch diese Aufnahme sich die Geisteshülle fortdauernd weitet, wie der Geistmensch immer größer und größer wird ... Es ist der Unterschied der geistigen Wesenheit des Menschen von seiner physischen, dass die letztere eine begrenzte Größe hat, während die erstere unbegrenzt wachsen kann» (GA 9, Dornach ^{30}1978, 54/55).

23 R. Steiner sagt in seinem Vortrag vom 20. April 1915: «wie das, was man die große Täuschung nennt, vorzugsweise darin besteht, dass der Mensch mit seinem gewöhnlichen Bewusstsein nicht überschauen kann das, was er ist: dass der Mensch der ganzen Welt angehört, während durch das gewöhnliche Bewusstsein ihm eigentlich nur die Schale wie eingeschlossen gezeigt wird innerhalb der Haut und so weiter. Aber was da innerhalb dieser Eingeschlossenheit ihm gezeigt wird, ist nur ein Ausschnitt dessen, was der Mensch in Wahrheit ist, und das ist so groß wie die Welt. Und eigentlich schauen wir auf unseren Menschen schon im gewöhnlichen Leben von außen zurück» (*Menschenschicksale und Völkerschicksale*, GA 157, Dornach ^{3}1981, S. 245).

Trotz der ungenauen Nachschrift spricht der Text sehr klar. Der letzte Satz beschreibt die Tatsache, dass die Mich-Empfindung von der freien (außerkörperlichen) Aufmerksamkeit wahrgenommen wird.

24 Aus dem Grundsteinspruch. In: R. Steiner, *Die Weihnachtstagung zur Begründung der Allgemeinen Anthroposophischen Gesellschaft 1923/1924*, GA 260 (Dornach ^{5}1994) oder als Einzelausgabe: *Die Grundsteinlegung der Allgemeinen Anthroposophischen Gesellschaft 1923/24* (Dornach ^{5}1986).

25 Siehe G. Kühlewind, *Die Erneuerung des Heiligen Geistes*, Kapitel: Das Fleisch, Stuttgart 1992.

Georg Kühlewind wurde am 6. März 1924 in Budapest geboren. Mit etwa 40 Jahren hat er sich entschlossen, von vorne anzufangen und den geistigen Schulungsweg neu aufzubauen. Mit 55 ließ er sich von seinem Lehrstuhl für Physikalische Chemie an der TU Budapest pensionieren und widmete sich seither ausschließlich der Geistesforschung. Er hat über 20 Bücher geschrieben und weltweit unzählige Vorträge und Seminare gehalten zu Themen wie der Bewusstseinsschulung, der Psychologie, der Pädagogik, der Sprachwissenschaft und der Christologie. Georg Kühlewind ist am 15. Januar 2006 gestorben.

Georg Kühlewind

De Profundis

Briefe an die Freunde
160 Seiten, gebunden mit Schutzumschlag

«Ich bin kein Meister, kein Gerechter. Aber ich schlage vor, dass wir es tun, das Einzige, was man tun kann, um Zukunftskeime zu setzen: das Meditieren für die Zukunft, für die essenzielle – nicht nur zeitliche – Zukunft.»

Georg Kühlewind

Diese Briefe sind Texte für die Meditation, für die vertiefende Annäherung an den Sinn der Jahresfeste, und sie gelten zentralen Themen der Bewusstseinsschulung.

Verlag Freies Geistesleben

GEORG KÜHLEWIND
Melodie und Stille
Kunst, Kontinuität
und das leere Bewusstsein
FREIES GEISTESLEBEN

Georg Kühlewind

Licht und Leere

Das letzte Notizheft und ein Fragment
255 Seiten, gebunden mit Schutzumschlag

Dieses Buch führt den Leser in die Werkstatt Georg Kühlewinds. Neben einem Fragment seines vielfach erwarteten Buches über das leere Bewusstsein enthält es das komplette letzte Notizheft über das Thema, in Form von Meditationen oder wegweisenden Zitaten. Eine einzigartige Quelle, die dazu einlädt, sich selbstständig auf den Weg zu machen.

Verlag Freies Geistesleben

Georg Kühlewind

Die Wahrheit tun

Erfahrungen und Konsequenzen des intuitiven Denkens
238 Seiten, kartoniert

«Achter Schöpfungstag ist es, wenn der Mensch beginnt, zu schaffen anfängt. Diese Schöpfung liegt in der Richtung der schon erreichten – und noch nicht verlorenen – Anfangsbewegung des Erkennens: sie ist die Verlängerung des intuitiven Augenblicks und damit sein Erfahren; oder auch: die Erfahrung der Gegenwart anstatt der Vergangenheitswelt. Der Mensch schafft dadurch die Welt der Gegenwart, die Weisheit der Gegenwart.»

Georg Kühlewind

Verlag Freies Geistesleben

Georg Kühlewind

Aufbau

Vom Denken zur Wahrnehmung des Lebens
176 Seiten, kartoniert

«Darin sind das Neues denkende Denken und die Kunst verwandt: Der Mensch muss seine Alltagsgewohnheiten hinter sich lassen und er muss sich in ein anderes Element, ins Element der Musik, der Farben, des durch nichts beeinflussten Verstehens begeben.»

Georg Kühlewind

Dieser Text macht auch deutlich, welch schlüsselhafte Rolle Rudolf Steiners *Philosophie der Freiheit* für Georg Kühlewind bei der Suche nach dem eigenen Weg gehabt hat.

Verlag Freies Geistesleben